AF357667

LA RÉVÉRENDE MÈRE

1898

S^{TE}-ÉMILIE

Ursuline

DU MONASTÈRE DE QUINTIN

PAR UNE RELIGIEUSE DU MÊME ORDRE

SAINT-BRIEUC

IMPRIMERIE-LIBRAIRIE-LITHOGRAPHIE RENÉ PRUD'HOMME

Imprimeur de Sa Grandeur Monseigneur l'Evêque

1898

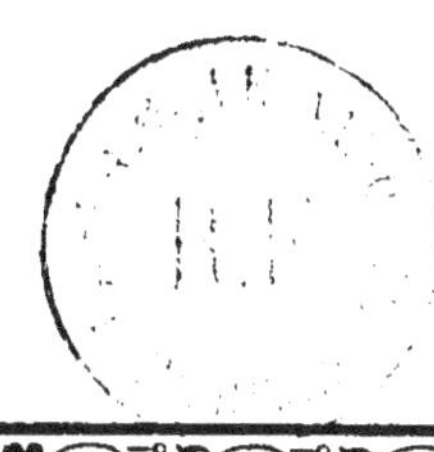

Lm†
45214

LA RÉVÉRENDE MÈRE

SAINTE-ÉMILIE

Ursuline

DU MONASTÈRE DE QUINTIN

DÉCLARATION

Conformément au décret du Pape Urbain VIII, l'auteur déclare soumettre sans aucune réserve au jugement du Saint-Siège apostolique et du Vicaire infaillible de Jésus-Christ, l'appréciation des faits et celle de la doctrine contenue dans cet ouvrage, et y soumet pleinement sa personne. L'auteur déclare également qu'en employant les qualifications de sainte, vénérable, il n'entend donner à ces mots qu'un sens purement humain ; également aussi il n'attribue qu'une portée humaine à quelques faits extraordinaires rapportés dans ce récit et s'en remet en tout au jugement de la sainte Eglise catholique, apostolique et romaine.

LA RÉVÉRENDE MÈRE

SAINTE-ÉMILIE

Ursuline

DU MONASTÈRE DE QUINTIN

PAR

UNE RELIGIEUSE DU MÊME ORDRE

SAINT-BRIEUC

IMPRIMERIE - LIBRAIRIE - LITHOGRAPHIE RENÉ PRUD'HOMME

Imprimeur de Sa Grandeur Monseigneur l'Evêque

1898

Niort, le 4 Octobre 1898.

Mes chères Filles,

Mon pèlerinage de Lourdes s'achève par Niort ; je suis encore bien loin, mais je reviens. A vrai dire, mon cœur ne s'est jamais éloigné.

J'ai encouragé vos recherches, je vous ai pressées de mettre en ordre vos notes et vos souvenirs pour faire revivre la sainte et attrayante figure de votre incomparable éducatrice, la Mère Sainte-Emilie. Je ne l'ai pas connue ; vos conversations me l'ont révélée ; les pages que vous publiez achèveront de la mettre en lumière. Et ce livre écrit pour vous et pour moi, franchissant discrètement nos petites frontières, portera au loin cette bénie mémoire, que vous avez tant de raisons de chérir.

Agréez, mes Chères Filles, l'assurance de mon paternel dévouement.

† PIERRE-MARIE,

Evêque de Saint-Brieuc et Tréguier.

Aux Religieuses Ursulines du Monastère de Quintin.

A NOS TRÈS HONORÉES MÈRES,
LES RELIGIEUSES DE SAINTE URSULE

Nos Révérendes Mères,

C'est à vous que nous dédions ces pages consacrées à la mémoire d'une Mère chérie qui fut, pendant plus d'un demi siècle, l'âme de notre monastère.

Il nous tardait de payer un juste tribut de reconnaissance à cette vierge fidèle et prudente dont la longue carrière n'a eu qu'un but : faire connaître, servir, aimer le divin Maître. Mais cette biographie, composée au milieu des labeurs quotidiens de la vie d'Ursuline, a demandé plusieurs années de recherches et de travail persévérant.

Celle dont nous esquissons la vie, nos Révérendes Mères, a connu les épreuves et les combats. Elle a mené à bien la restauration lapidaire et la restauration spirituelle des ruines amoncelées ici par la Révolution, et cela, au prix de quels soins, de quelles peines, de quels travaux !

Malgré tout, l'œuvre de la Révérende Mère Sainte-Emilie fut modeste, si l'on considère que sa sphère d'action ne rayonna pas au-delà de son cloître ; mais ce cloître lui-même redevint, grâce à la sainte vigueur de sa restauratrice, un foyer de lumière, de zèle et de fécond apostolat : est-ce peu aux regards de la foi ?

Nous avons pensé, nos Révérendes Mères, que cette existence si bien remplie pourrait vous offrir quelque intérêt. L'heure actuelle est pleine d'angoisses ; après la lecture de ces pages, peut-être redirez-vous avec plus de confiance cette parole d'un grand serviteur de Dieu : « Si les temps sont mauvais, le Seigneur est bon ! »

Recevez donc cet humble travail entrepris par nous dans un double but : acquitter une dette de gratitude envers notre vénérée Mère Sainte-Emilie, et vous offrir, nos Révérendes Mères, une preuve nouvelle de notre fraternel et constant dévouement en Notre-Seigneur.

Puisse le divin Sauveur bénir notre ouvrage et lui faire porter des fruits d'édification !

Nous sommes, nos Très Honorées Mères, vos humbles Sœurs.

LES URSULINES DE QUINTIN.

CHAPITRE I

Jenny de Jaulin. — Sa famille, sa naissance et son baptême.
— Ses premières années à la campagne. — Son éducation
première. — La mère du Saint-Esprit, ursuline, commence
l'instruction de Jenny ; les Filles de la Sagesse l'achèvent. —
Première communion. — Confirmation. — Mort de M. de
Jaulin. — Jenny entre chez les Ursulines de Quintin. —
Sa prise d'habit, son noviciat. — Profession religieuse. —
Epreuve.

« Qui ne connaît les bords de la Rance ne peut
dire que son regard s'est reposé sur les plus beaux
paysages de Dieu. » Rien de plus pittoresque, en
effet, que les sites qui s'offrent au voyageur visitant les imposantes ruines du château de Léhon
et du prieuré de Saint-Magloire, ou la petite ville
de Dinan, avec son enceinte d'antiques murailles
« où surgit, comme une sentinelle de granit, le
château crénelé de la duchesse Anne. Tout ce
panorama enchanteur remplit l'âme de reconnaissance envers le Créateur d'une nature si riche
et si gracieusement parée (1) ».

(1) Le prieuré royal de Saint-Magloire de Léhon, par
l'abbé Fouéré-Macé, recteur de Léhon.

C'est dans ce coin privilégié de notre vieille Armorique, au sein de la catholique cité de Dinan, que naquit, le 28 décembre 1802, celle dont nous allons raconter les travaux et les vertus.

Elle fut baptisée dans l'église Saint-Sauveur et reçut le nom de Jenny, sous le patronage de saint Jean-Baptiste.

M. Joseph de Jaulin, père de Jenny, appartenait à la noblesse de la ville d'Auch. Dès l'âge de quinze ans, il avait suivi son attrait pour la carrière militaire, où ses oncles, son père et son frère avaient brillamment conquis de hauts grades. Lui-même fit rapidement son chemin, il était adjudant général lorsqu'il vint à Dinan.

Il y fit connaissance de Mademoiselle Marie de la Vigne Hercouët et l'épousa bientôt. De cette union naquirent cinq enfants : deux garçons, qui moururent au berceau, et trois filles ; celle dont nous racontons la vie fut la seconde.

A sa naissance, l'enfant fut confiée à une excellente villageoise dont l'affection et les bons soins semblent avoir fait tort aux premiers élans de la piété filiale : Jenny se montrait en effet rebelle aux caresses de sa mère. A cette époque, son père était rentré sous les drapeaux, et Madame de Jaulin crut devoir prolonger, au-delà d'un an, le séjour de Jenny à la campagne. Si celle-ci puisa dans ce milieu des goûts quelque peu rustiques, plusieurs traits qu'elle se plaisait à raconter dans sa vieillesse montrent que la vie des champs lui inculqua une horreur très vive pour le luxe et la mollesse, ces deux plaies de notre siècle.

Dès lors, elle fait pressentir ce sens droit, cette volonté énergique, que nous retrouverons plus tard dans l'Ursuline.

De retour au foyer maternel, Jenny se montra aussi aimante et gracieuse qu'intelligente. Elle avait cinq ans, lorsque son père revint à Dinan. Pour célébrer la fin d'une absence si pleine de poignantes inquiétudes, la mère avait appris à ses filles quelques couplets de bienvenue. Mais Jenny avait trouvé son compliment à elle. Montrant qu'elle savait sentir comme elle savait vouloir, elle se jeta au cou de son père en s'écriant : « O mon petit papa, que je suis contente ! Il y avait si longtemps que je ne vous avais *jamais* vu ! » — « Et moi aussi, mon enfant, dit le père ému en la pressant sur son cœur, il y a longtemps que je ne t'avais *jamais* vue. »

Jenny eut le bonheur de grandir sous le regard de ses parents. Dans le cercle de la famille, sa place favorite était entre son père et sa mère ; elle s'y glissait adroitement, disant tout bas : « Me voilà comme le petit Jésus. »

Monsieur et Madame de Jaulin, loin de se laisser aveugler par la grâce et l'affection démonstrative de leur enfant, ne perdirent jamais de vue le côté grave et sublime de leur mission. Ils songèrent donc à élever Jenny de telle sorte que la tendresse ne nuisît en rien à une douce fermeté. Ainsi, à table, l'enfant ne devait pas se mêler à la conversation, encore moins témoigner une répugnance ou un désir.

Or, il arriva qu'un jour on oublia de la servir. Jenny garda d'abord le silence, jetant autour d'elle des regards anxieux ; mais comme l'appétissante volaille tardait à paraître sur son assiette, la petite fille poussa un profond soupir et hasarda cette exclamation : « Oh ! bonjour, madame l'oie ! » Cette réclame d'un nouveau genre amusa fort tous les convives, et madame l'oie se hâta de répondre à l'appel de l'aimable enfant.

Toute préoccupée de la première éducation de ses filles, Madame de Jaulin les accoutumait à la charité ; et, par là, elle n'entendait pas cette philanthropie froide, administrative, qui se contente de secourir à la porte le mendiant importun, mais cette charité chrétienne qui accompagne le don d'un sourire, d'une bonne parole, d'un sage conseil. Jenny devint donc, pour sa part, la dispensatrice des aumônes maternelles. On raconte qu'un jour, chargée de choisir quelque chose à l'office pour un pauvre, elle accourut toute joyeuse, tenant dans sa petite main ce qu'elle avait trouvé de meilleur, une aile de poulet.

Souvent son cœur l'entraînait à dépasser la mesure dans les distributions périodiques faites aux indigents. Plus tard même, ce fut pour sa conscience délicate la source d'un remords ; et au moment de sa profession religieuse, en sollicitant la bénédiction de sa mère, elle se crut obligée de demander le pardon et la rémission de ces pieux larcins.

Depuis l'âge de quatre ans, Jenny avait été confiée à la Mère du Saint-Esprit, ursuline chassée par la Révolution du monastère de Dinan. La bonté ferme et digne de la sage institutrice donnait à la jeune élève une si haute idée de sa vertu, qu'elle conserva toujours de cette maîtresse le plus cher et le plus respectueux souvenir.

Elle se rappelait aussi un grand crucifix (1) qui ornait la cheminée de la vénérable religieuse. Aux pieds du Sauveur en croix, les sept péchés capitaux, se dressant sous des formes hideuses, avaient inspiré à l'enfant cette horreur salutaire du vice qui l'accompagna jusqu'au tombeau.

Lorsque les infirmités de la Mère du Saint-Esprit ne lui permirent plus de s'occuper de sa chère élève, celle-ci fut envoyée à l'externat de la Sagesse. Mais, nous devons l'avouer, elle n'y fut pas un modèle au début. Rien d'étonnant

______

(1) Ce crucifix est religieusement conservé dans le monastère de N.-D. de la Victoire, à Dinan.

d'ailleurs. Souvent les caractères énergiques subissent, à une époque de la vie, une crise violente, dans laquelle leurs fortes ressources semblent ne se développer que d'une manière anormale. Jenny n'échappa pas à cet accès, et les premiers temps passés chez les Dames de la Sagesse montrèrent un fond d'indépendance et d'orgueil, que la grâce seule devait transformer en fermeté soumise. Aussi les punitions pleuvaient-elles, sans trop de succès, sur la petite révoltée. Si on la mettait à part, elle disait sur un ton de bravade : « Je me plais comme cela ; » et à une compagne qui osait l'approcher : « Vous ne devez pas me parler. » Comme d'ailleurs sa facilité pour l'étude lui faisait obtenir les premières places : — « Bon ! s'écriait-elle, on m'applaudira sur le banc des pénitentes. »

Ce qui se passait à l'école, on le devine, se reproduisait à la maison paternelle. Madame de Jaulin, qui avait fréquemment à reprendre Jenny, ne pouvait lui faire reconnaître ses torts. Dans une circonstance, la petite indépendante s'oublia jusqu'à dire : « Ma pensée est à moi ; je suis libre de ma pensée, personne n'a rien à y revoir. » Plus tard, en racontant ce fait d'insubordination : « Je me crois, disait-elle, la première libre-penseuse du monde. »

Cependant cet orgueil était combattu par la grâce, seule capable de le dompter. L'enfant s'accoutuma peu à peu à tout confier à Jésus. Elle se retirait dans sa chambrette où, selon son expression, elle allait murmurer avec son ami fidèle. « On m'a grondée, on m'a punie, lui disait-elle, « en pleurant ; » ou bien encore : « Je n'ai pas « obéi à ma bonne, mais elle avait tort de me « commander ainsi.... » D'autres fois elle lui racontait ses joies et ajoutait : « Je vous remercie, mon petit Jésus ! »

Non contente d'avoir trouvé un sanctuaire domestique dans sa petite cellule, elle avait déposé entre deux pierres d'une maison délabrée, une statuette de l'Enfant-Dieu. Lorsque, se rendant en classe, elle passait devant l'oratoire improvisé, un sourire de son visage, un mot de son cœur, saluait, à l'insu de tous, le Dieu fait obéissant pour nous. Elle ne l'imitait encore que bien imparfaitement ; mais le divin amour, déjà allumé dans cette âme d'enfant, devait l'entraîner plus tard jusqu'à l'obéissance absolue et volontaire.

A l'âge de douze ans, Jenny fut admise au banquet eucharistique. Sa préparation fut fervente. Jalouse de la pureté de son âme, nous la voyons, l'année précédente, réparer à chaque instant par un acte de contrition les plus légères fautes. Elle s'efforce de vivre en la présence de Dieu ; elle cherche à le connaître davantage afin de le mieux aimer.

La première rencontre du Sauveur avec cette âme qu'il avait subjuguée fut le point de départ d'un changement notable.

Si le Jansénisme, qui n'avait pas encore achevé son règne en France, n'avait retenu cette adolescente, bien plus grands encore eussent été ses élans vers le bien. Mais les premières impressions sont durables, et, comme Jenny les devait à la direction spirituelle qui lui était donnée, nous la verrons subir, plus ou moins, durant de longues années, les entraves d'une crainte excessive.

Cependant, sous l'heureuse influence d'une piété solide, s'adoucissaient peu à peu les angles de ce caractère dominateur. Ce n'était point sans luttes. Si, le soir venu, on lui demandait une lecture pieuse, son premier mouvement, toujours plein d'indépendance, la portait à une réponse négative. Puis la vertu triomphait, à la grande édification des hôtes du foyer domestique.

Les mêmes progrès se faisaient remarquer à la Sagesse. Jenny était aimée de ses maîtresses et de ses compagnes ; elle prit sur ces dernières un ascendant réel. Sa présence suffisait pour faire cesser les médisances. Elle remarqua un jour qu'on changeait de conversation à son approche : « Pourquoi donc agir ainsi avec moi ? » dit-elle. — « C'est que tu ne nous aimerais plus, » lui répondit une de ses amies. Oh ! que les maîtresses sont heureuses quand elles voient une jeune âme, naturellement ardente et fière, fouler ainsi aux pieds le respect humain, et entraîner à sa suite des âmes bonnes, mais sans décision ! Le passage d'une telle élève est le plus grand des bienfaits pour une maison d'éducation.

Le siège épiscopal de Saint-Brieuc étant vacant depuis 1814, Jenny ne put recevoir la confirmation qu'à l'âge de seize ans. Elle s'y prépara avec grand soin et a avoué qu'elle y puisa des grâces de lumière et de force, qui lui donnèrent dès lors l'idée du sacrifice et de la vie religieuse.

L'heure était venue de quitter les filles du Bienheureux de Montfort. Grâce à ces maîtresses zélées, ce fut l'esprit orné de connaissances variées, le cœur formé à la vertu, que Mademoiselle de Jaulin rentra dans sa famille, où ses aimables qualités lui valurent l'affection de tous. Par suite de son éducation chrétienne, ce caractère personnel était devenu dévoué. Répandre la joie autour d'elle était son bonheur comme son secret ; aussi nul dans son entourage n'échappait à ce gracieux apostolat, qui devrait être celui de toute jeune fille pieuse.

La meilleure part de son cœur et de ses attentions était pour ses parents, surtout pour son père. M. de Jaulin avait gardé, au milieu des péripéties de la vie militaire, un grand besoin d'affection et une exquise délicatesse de sentiments. Retiré à son foyer après les guerres de l'Empire, portant le poids de hâtives infirmités, suite de fatigues et de blessures glorieuses, l'ancien officier trouva dans sa fille une douce et chrétienne Antigone.

— Bientôt elle fut sa compagne assidue, son secrétaire, sa confidente intime. Et, quand les autres membres de la famille quittaient le salon, le vieux soldat, qui n'était jamais plus heureux qu'avec son enfant, lui disait : « Enfin nous voilà seuls. » Alors, laissant sa pensée remonter le cours de ses souvenirs, il refaisait, avec la jeune fille attentive, ses longues campagnes à travers l'Europe. Cette histoire touchante et glorieuse, tombant des lèvres du vétéran sur le cœur de Jenny, y éveillait des sentiments de générosité et de vaillance qu'elle saura utiliser et développer plus tard, dans la vie toute de dévouement qui devra être la sienne.

Dès cette époque, nous la voyons faire preuve d'une résignation qui n'est pas sans héroïsme. La petite vérole sévissait à Dinan ; la jeune fille en fut atteinte et perdit cette fraîcheur à laquelle tant d'autres attachent une importance décisive. Jenny n'en fut nullement déconcertée : n'entrevoyait-elle pas déjà la beauté infinie, auprès de laquelle s'efface toute grâce humaine ?

Cependant la santé de M. de Jaulin déclinait à vue d'œil. Le dévouement et les soins de sa fille redoublèrent alors : elle fut sa garde malade et, à l'heure suprême, l'ange consolateur de son agonie ; car tous les efforts furent inutiles. Dieu avait décidé de donner au vieux soldat une récompense plus solide que celle qu'il avait gagnée au service des grands de la terre.

Surtout, le moment était venu de briser le lien bien-aimé, qui retenait encore dans le monde celle que le Christ avait choisie pour son épouse. Ce fut ainsi que Jenny interpréta le décret divin qui la séparait de son père. D'ailleurs, la Providence lui avait donné un attrait naturel pour le cloître. Dès son bas âge, elle avait compris l'inestimable honneur de l'appel aux noces de l'Agneau, et avait imploré cet honneur, par une prière fervente et journalière. L'heure venue de répondre aux invitations réitérées du Fiancé divin, Mademoiselle de Jaulin, en digne fille de soldat, courut s'engager sans aucun souci dans la milice des vierges saintes.

Toutefois, il eût été cruel, en brusquant le départ, d'abandonner sa mère en ces premiers jours de veuvage. Jenny, aussi sage qu'énergique, resta donc quelques mois près de Madame de Jaulin, pour adoucir par sa présence les premières amertumes de la séparation. Mais, aussitôt que le temps eut commencé son œuvre de cicatrisation morale, sans prolonger davantage des délais fatals à tant de vocations, elle obtint de quitter sa famille.

Restait le choix de l'ordre et du monastère. Jenny, si bien fixée sur le fait même de sa vocation religieuse, n'avait pas encore discerné à quelle forme particulière de son service Dieu daignait l'appeler.

Madame de Jaulin inclinait vers une des congrégations établies à Dinan, afin de n'être pas entièrement privée de sa fille. Ne semblait-il pas, d'ailleurs, que les Sœurs de la Sagesse eussent quelque droit sur la petite indisciplinée, devenue, à leur école, une pieuse et instruite jeune fille ?

Mais les aspirations de Jenny la portaient vers la vie claustrale.... Toute jeune, elle avait connu quelques Clarisses réfugiées à Dinan, et elle avait été frappée de leur sainteté jusqu'à baiser avec respect leurs vêtements : peut-être cette impression contribuait-elle, en ce moment décisif, à l'entraîner vers la vie monastique.

Cependant le couvent des pauvres Dames ne devait pas se rétablir ; et d'ailleurs, une autre figure bien chère, elle aussi, se présentait à Mademoiselle de Jaulin.

Le souvenir de la Mère du Saint-Esprit, et de tout ce qu'elle l'avait entendue dire de la mission des Ursulines, était resté profondément gravé dans sa mémoire. Enfin quelques circonstances, fortuites en apparence, une parole insignifiante, le départ d'une jeune compatriote pour le noviciat de

Quintin, achevèrent d'attirer nettement l'attention de Jenny de ce côté.

Ce choix fut pour la mère un nouveau sacrifice ; mais Dieu, qui le demandait, sut lui donner la force de l'accomplir.

Non seulement Madame de Jaulin ne crut pas devoir s'opposer à la vocation de sa fille, mais, femme héroïque, elle voulut la conduire elle-même : elle désirait l'offrir, en quelque sorte, au maître souverain qui lui faisait l'honneur de lui demander ce qu'elle avait de plus cher au monde. Le départ eut lieu le 19 octobre 1822. La pauvre enfant sentit son cœur se briser. Il lui fallait quitter son pays, sa famille, une jeune sœur surtout dont elle avait fait une autre elle-même. L'une des cousines de Jenny qui, six mois plus tard, devait la rejoindre dans le cloître, dut la porter presque dans ses bras jusqu'à la voiture. Madame de Jaulin prit place à côté de sa fille, et l'on se dirigea vers Quintin.

Quintin est une petite ville de Bretagne, située dans le diocèse de Saint-Brieuc, aux portes de la Cornouaille. A cette époque, elle avait son histoire et sa renommée. Le commerce des toiles y était florissant, et depuis des siècles, car l'histoire nous dit que c'est dans une toile de Quintin que Charles-Quint avait voulu être enseveli.

Nos deux voyageuses furent reçues, à leur arrivée, par Mère Félicité Bonamy, alors supérieure. Mère Félicité était une femme de grande expérience, d'un rare mérite, d'une vertu consommée. Le sacrifice de la mère et le courage de la jeune fille la touchèrent profondément. Jenny avait dix-neuf ans. Elle était gracieuse, de petite taille, son regard vif et pénétrant révélait une intelligence peu commune. Son âme était accessible aux grandes pensées, aux généreux desseins. Mais, inconsciente de ses talents, elle n'aspirait qu'à la dernière place dans la maison de Dieu.

Mère Félicité entrevit quel trésor la Providence lui confiait, et elle l'en bénit. Son accueil, vraiment maternel, consola la pauvre mère, qui reprit, moins triste, le chemin de sa demeure.

Quant à la postulante, une fois l'agitation du départ passée, elle ressentit plus vivement la douleur de la séparation. Et cette douleur fut profonde pour Jenny, témoin cet aveu tombé plus tard de sa plume : « Chère prison, où, à mon grand bon-
« heur, je suis depuis quarante-huit ans. Que je
« souffris en voyant s'éloigner ma bonne mère !
« mais que mon Jésus m'en a dédommagée ! »

Tandis que Mademoiselle de Jaulin se trouvait en face de cette première épreuve, elle rencontra une sœur converse qui lui dit : « Je connais votre
« famille, Mademoiselle, j'étais autrefois à son
« service ; je vous ai portée dans mes bras.... »
Ces paroles firent une douce impression sur Jenny ;

heureuse de pouvoir parler de sa ville natale, de ses amis, de ses parents bien aimés, elle se sentit moins isolée, presque consolée.

Au reste, les premières surprises de la vie religieuse allaient se charger de la distraire. Ce qui saisit la jeune fille du monde à son entrée dans le cloître, c'est la pauvreté austère, inconnue jusqu'alors. Son aspect rigoureux produit une sorte de crainte ; mais bientôt le souvenir habituel du Dieu fait pauvre pour nous, pare ces dehors sévères des charmes de la crèche et de Nazareth. Malgré la simplicité de son éducation, Mademoiselle de Jaulin n'échappa pas à cette impression. Tout d'abord ce fut l'ameublement plus que modeste du réfectoire qui la frappa. En voyant sur la table un couvert si primitif, elle se dit tout bas : « Pauvre sœur réfectorière, sans doute vous encourrez une pénitence, pour avoir oublié la moitié des objets qui nous sont nécessaires. »

La vue de sa cellule, située sous le toit, tout près du clocher, n'était pas de nature à atténuer ce premier étonnement : pour parquet, des tuiles mal jointes ; pour tout ameublement, un lit antique garni de serge, un prie-Dieu fort simple, deux chaises à demi-usées.

Mais, au milieu de ce dénuement monastique, apparut à la postulante la grande pensée qui explique et console la pauvreté volontaire, l'idée de Dieu, prenant victorieusement la place du misérable *tout* qu'on a quitté pour lui. Le trait de lumière partit d'une sentence écrite au pied du lit de la pauvre cellule, et sur laquelle se fixèrent bientôt les yeux de la jeune fille :

« Battu des flots, agité de la tempête, je trouve en Dieu seul un objet qui m'arrête, » disait la simple phrase, et Jenny trouvait, à la relire et à la méditer dans le silence de la nuit, un premier adoucissement aux luttes inévitables des débuts de la vie religieuse.

Le 12 novembre 1822, jour de son entrée solennelle au noviciat, Mademoiselle de Jaulin échangea son nom en celui de sœur Sainte Emilie.

Avec le caractère que nous connaissons à notre novice, rudes devaient être les commencements, et ils le furent, en effet. Mais la grâce était là, aidant excitant cet énergique caractère, qui, s'il trouvait en lui de nombreuses répugnances, recélait aussi d'admirables ressources pour les vaincre. Ce fut d'abord la récitation du saint office qui coûta à l'indépendance de Sœur Sainte Emilie. Voyant la multiplicité et la variété des mouvements que prescrit la liturgie, elle se disait : « Pourquoi toujours se lever, s'asseoir, s'agenouiller ? Mieux vaudrait rester tranquille ; l'esprit serait moins distrait. » Mais, lorsqu'elle eut saisi le sens admirable de ces cérémonies, elle changea d'avis ; si bien que, pour se rompre à la parfaite observation des rubriques, elle recommençait respectueusement dans sa cellule celles qu'il lui était arrivé d'omettre par mégarde.

Bientôt vinrent les épreuves, que la divine charité seule peut faire chérir. La première réprimande publique fut dure à cette nature entière ; et, par une grâce spéciale, dirons-nous volontiers, jusqu'à la fin de sa vie pareille humiliation ne fut jamais acceptée sans combat. « Je n'ai pu, « avouait-elle dans un âge avancé, me familiariser « avec les pratiques humiliantes de la vie reli- « gieuse ; me faut-il baiser la terre, je dois m'y « exciter en disant : « Humilie-toi, orgueilleuse. »

On ne s'étonnera pas que la novice gardât une tendance à exprimer trop promptement sa manière de voir et de penser. Il advint qu'une de ses sœurs de noviciat, dont la vocation lui semblait fort douteuse, fut présentée aux suffrages de la communauté. Sœur Sainte Emilie, surprise et presque indignée, ne put s'empêcher de dire à sa maîtresse : « On va la recevoir, n'est-ce pas ? eh bien ! on fera une sottise, et c'est nous qui la boirons. » Hélas ! l'avenir prouva qu'elle avait deviné juste.

Cependant ces paroles, dites d'un ton résolu, parurent téméraires à sa Mère-maîtresse. Elle se demandait avec anxiété si de tels accès de rude franchise ne compromettraient pas parfois la paix de la famille religieuse, et peu s'en fallut que notre novice ne reprît le chemin de la maison paternelle. Dieu permit que la réflexion amenât ses supérieures à considérer que ces caractères tout d'une pièce sont souvent les plus riches et les plus capables de grandes choses, lorsqu'ils sont éclairés par un grand bon sens et adoucis par les efforts d'une vertu généreuse. Sœur Sainte Emilie, qui se rendait compte de ses instincts autoritaires, donna bientôt la preuve qu'elle saurait les briser à force de sacrifices. Pour échapper à toute possibilité d'exercer ce commandement, si bien fait pour sa nature, mais dont elle sentait vivement la responsabilité, elle songea à la vie des sœurs converses, déclarant qu'elle ne se sentait ni goût ni aptitude pour les autres emplois. Mais la novice en fut pour ses frais d'humilité, ou plutôt la maîtresse sut, en repoussant sa requête, lui faire trouver un sujet d'humiliations dans l'ironie de la réponse. « En « effet, ma fille, lui dit-elle, vous ne me paraissez « guère propre qu'à remuer les marmites et à faire « notre lessive. » Sœur Sainte Emilie comprit et ne songea plus qu'à se préparer à la prise d'habit.

Nous n'entrerons pas dans les détails de cette cérémonie touchante, qui eut lieu le 24 septembre 1823. Impossible d'exprimer la joie que ressentit la pieuse novice en revêtant les saintes livrées. Selon l'expression du cérémonial, elle fixa le crucifix sur son cœur, comme la consolation de sa vie et le soutien de son voyage, disant avec l'épouse des Cantiques : « Mon Bien-Aimé restera sur mon cœur, comme un bouquet de myrrhe. »

La sœur Sainte Emilie était officiellement novice, et l'habit qu'elle venait de revêtir lui rappelait, à chaque instant, le sacrifice définitif auquel elle devait se préparer. La lutte entreprise contre la nature se poursuivit donc sans relâche, pendant cette année d'épreuves. Ce qui la caractérisa chez cette âme énergique et pratique, ce fut l'ardeur à garder les saintes Règles dans leur intégrité. Bien plus, voir violer par les autres ces sauvegardes de la vie religieuse, était pour la Sœur un supplice. Elle le fit bien voir lorsque, par suite d'une maladie de la Mère-maîtresse, quelque relâchement sembla se glisser dans le noviciat. Ce fut les larmes aux yeux, que la courageuse novice alla, selon son devoir, en prévenir celle qui y pouvait remédier et la supplier de faire cesser ces légers abus.

On dit que les peuples heureux n'ont pas d'histoire. Qui jouit d'un plus parfait bonheur que des novices ferventes, heureuses dans la monotonie d'une vie tout employée à se vaincre, pour se conquérir pleinement en Dieu, dont elles aspirent à devenir les Epouses ? Aussi les détails nous manquent-ils sur cette partie de la vie de Sœur

Sainte Emilie. D'ailleurs, les fruits que produira la religieuse dans sa longue carrière montreront assez combien profond avait été ce premier travail de défrichement.

L'année écoulée, notre novice fut admise à la profession et s'y prépara par une fervente retraite. Elle employa ce temps à prier, approfondissant de plus en plus les Règles dont elle devait être la restauratrice, méditant le sens des cérémonies par lesquelles l'Eglise consacre les Vierges de sainte Ursule.

Le 17 novembre 1824 fut désigné pour être le grand jour. Madame de Jaulin voulut, en assistant à la profession, offrir elle-même à Dieu son enfant bien-aimée. L'acte est des plus généreux pour une mère ; car, si dans ses noces avec l'Epoux immortel, l'honneur est grand pour celle qu'il choisit, tout parle aussi de sacrifice et de séparation : l'interrogatoire adressé à la postulante, sa protestation de vivre et de mourir dans la compagnie des vierges de Sainte Ursule, enfin le drap funèbre étendu sur la victime prosternée. Et pourtant, au milieu de ces symboles de renoncement et de mort, c'est la joie sainte qui domine dans ces fêtes du cloître, joie que le monde ignore, parce qu'il ne veut pas connaître le sacrifice qui en est le prix. Dans la pleine liberté de sa conscience, assurée d'elle-même par une longue épreuve, la Vierge s'avance vers l'autel, la tête parée d'une simple couronne de roses, dont les épines et les fleurs symbolisent les douleurs et les consolations réservées à la compagne du Christ.

Mais la véritable couronne de celle qui s'immole ainsi tout entière, c'est Jésus lui-même, comme le proclame à l'instant le chant de l'hymne *Jesu, corona Virginum*. Et l'Eglise, par les lèvres dn célébrant, laisse tomber sur la nouvelle élue ces paroles de bénédiction et d'allégresse : « Soyez « bénie par le Créateur du ciel et de la terre, le « Père Tout-Puissant, qui a bien voulu vous appeler « à un état où vous entrez, pour ainsi dire, en « société avec la Sainte Vierge, mère de N.-S. J.-C. « et avec la bienheureuse Ursule. Puissiez-vous « garder, devant Dieu et ses anges, les vœux que « vous offrez aujourd'hui au Seigneur ! ....

. . . .

« Que le Saint-Esprit et ses dons reposent sur « vous, l'Esprit de Sagesse et d'Intelligence, l'Esprit « de science et de piété. Que l'Esprit de crainte « fortifie votre faiblesse, qu'il pénètre et affermisse « votre cœur ! »

Encore quelques instants, et le prêtre redit les paroles du centenier de l'Evangile : « *Domine, non sum dignus !* » Ce cri de l'humilité pénètre l'âme de la Sœur Sainte Emilie, qui répète : « Non, je ne suis pas digne. » Mais Jésus approche : l'Epouse émue prononce les saints vœux ; sa main tremblante signe le contrat d'alliance, et son cœur avec amour s'ouvre à son Bien-Aimé.

Pour tant de bienfaits, qui dira ses transports et sa reconnaissance ? Aussi, avec quelle allégresse elle donne le baiser fraternel à ses Sœurs et s'unit à elles pour chanter : « *Te Deum laudamus, te Dominum confitemur.* »

C'en est fait, Sœur Sainte Emilie appartient à Dieu pour jamais, elle pourra répéter ce chant qui lui devint dès lors habituel : « *Misericordias Domini in æternum cantabo.* »

Jésus n'allait pas tarder à gratifier sa nouvelle épouse du joyau dont il aime à parer les âmes qui se consacrent à lui : nous avons nommé la souffrance. Ce fut sous la forme d'une fièvre thyphoïde qu'elle apparut à la Mère Sainte Emilie, afin de compléter d'une manière pratique les leçons d'abnégation reçues au noviciat. Avec la fervente religieuse, quatre autres jeunes professes furent atteintes par l'épidémie, et bientôt les progrès du mal jetèrent le monastère dans la plus grande inquiétude. Mais, grâce à Dieu, les âmes généreuses, prêtes à s'immoler pour les autres, ne manquent jamais dans le cloître. Une des malades, la Sœur Saint Augustin, était de cette race de vaillants. Elle s'offrit en victime pour la guérison de ses compagnes. Sa Mère-maîtresse, à qui elle l'avoua, crut justement devoir la reprendre, mais

le Seigneur agréa son holocauste, et sa mort obtint
la cessation du fléau.

La Mère Sainte Emilie aimera à rappeler ce
dévouement : « Quel malheur, dira-t-elle, que
cette Sœur nous ait quittées si tôt ! Elle eût été
certainement supérieure à ma place, et eût fait plus
de bien que moi ! »

CHAPITRE II

Coup d'œil sur la Compagnie de Sainte-Ursule dans laquelle vient de s'enrôler Mademoiselle de Jaulin — Le monastère de Quintin. — Mère sainte Emilie directrice du pensionnat, puis de l'externat. — Sa fermeté dans l'éducation de la jeunesse ; comment elle forme Jésus dans les âmes. — Elle continue, à ses anciennes élèves, ses conseils et sa direction.

La compagnie de Sainte-Ursule dans laquelle, au jour béni de sa profession religieuse, la Mère Sainte Emilie s'est enrôlée, est essentiellement vouée à l'éducation de la jeunesse. Par l'ordre du Sauveur lui-même, sa glorieuse fondatrice, Sainte Angèle Mérici, lui a donné ce but spécial. Ce fut en 1535 qu'elle inaugura son œuvre à Brescia, et qu'elle dota l'Eglise du premier ordre de femmes consacrées à l'enseignement. Dès 1544, le Pape Paul III donna son approbation au nouvel Institut. « Quelques années auparavant, le même Souverain Pontife avait approuvé les statuts de la Compagnie de Jésus, coïncidence remarquable, dit un auteur contemporain (1), qui unissait à leur berceau deux sociétés religieuses, également vouées à la plus grande gloire de Dieu, par l'instruction des âmes. » « C'est à ces deux compagnies, remarque M. Charles Sainte-Foy, que l'Europe et surtout la France doivent, en grande partie, le bonheur d'avoir conservé la vraie doctrine. Ce que la Compagnie de Jésus fut pour les hommes, celle de Sainte-Ursule le fut pour les femmes, et ces deux illustres sociétés, s'emparant ainsi des deux moitiés de la famille, produisirent des fruits admirables de grâces et de vertus. Il ne faut pas s'étonner qu'elles aient partagé, chacune dans leur sphère d'action, le glorieux privilège de soulever contre elles les puissances de l'enfer (2) ».

Née en Italie, la Compagnie de Sainte-Ursule passa en France à la fin du XVIe siècle et y reçut son dernier perfectionnement. « Semblable à la rose au jour du printemps, elle répandit alors dans le jardin de l'Eglise la suave odeur des vertus (3) ».

Notre cadre ne nous permet pas de tracer ici le déplorable état de la France au XVIe siècle aux prises avec le protestantisme et l'ignorance religieuse.

(1) *Vie de la Vénérable Marie de 'Incarnation, Ursuline, fondatrice du monastère de Québec, par une religieuse du même ordre* (Victor Retaux et fils, libraire-éditeur, 82, rue Bonaparte, Paris).

(2) *Vie des premières Ursulines* (préface, page 7).

(3) *Bulle de canonisation de sainte Angèle.*

D'excellents ouvrages ont été publiés sur le rôle providentiel de la Compagnie de Sainte-Ursule, et c'est à ces sources que nous renvoyons le lecteur (1).

L'esprit qui, dès l'origine, anima les Filles de sainte Angèle, est comme résumé dans cette pressante recommandation de leur bienheureuse fondatrice « d'aimer et de chérir en vraies mères les filles confiées à leurs soins ». — « C'est une éducation de famille simple et large qu'elles s'efforcèrent de donner, dit encore l'auteur anonyme cité plus haut. Leur enseignement religieux fut toujours ennemi des nouveautés dangereuses qui ne firent alors, surtout en France, que trop de victimes. » — « Il a surgi et il surgira encore, avait dit sainte Angèle sur son lit de mort, des opinions nouvelles ; laissez-les passer, elles ne vous regardent pas, seulement priez et faites prier, pour que Dieu ne délaisse pas son Eglise. »

Saint François de Sales favorisa de tout son pouvoir le développement de cet ordre et saint Vincent de Paul, après avoir vu les Ursulines à l'œuvre,

(1) *Histoire de sainte Angèle Mérici*, par Mgr Postel. — *Histoire de sainte Angèle Mérici*, par le R. P. At. — *Vie de sainte Angèle*, par M. le chanoine Allibert. — *Vie des premières Ursulines de France*, par Ch. Sainte-Foy. — *Sainte Angèle Mérici*, par M. l'abbé L. Bouthors. — *La Révérende Mère Françoise de Bermond et l'établissement des Ursulines en France*, par une religieuse du même ordre.

disait : « Ces religieuses joignent à une piété solide une méthode excellente et surtout une attention admirable pour leurs élèves. »

Le monastère de Quintin, fondé un siècle et demi environ après le décès de sainte Angèle, avait été florissant jusqu'à la grande révolution qui en dispersa les membres. Ce fut vers 1806 que quelques Ursulines tentèrent le rachat de leurs immeubles, devenus biens nationaux, et qu'elles restaurèrent dans ce couvent la vie religieuse et apostolique de leurs devancières.

Les débuts furent pénibles, les vocations rares : la génération enfantée par la révolution n'était pas de taille à porter vaillamment les armes du Christ.

C'est pourquoi les supérieures durent, tout d'abord, confier des charges importantes à certains sujets, avant l'expiration des délais fixés par les Constitutions. Mais d'ailleurs :

> « .... Pour des âmes bien nées,
> « La valeur n'attend pas le nombre des années. »

Mère Sainte Emilie était une de ces âmes ; aussi, peu de temps après sa profession, elle fut nommée directrice du pensionnat, puis de l'externat. Elle sut s'acquitter de ces emplois à la grande satisfaction de son entourage.

Cette véritable Ursuline comprit si bien tout ce

qu'il y a de noble, de divin dans la formation des âmes, que, pour réaliser son idéal, elle ne cherchait qu'en Dieu seul, lumière et force.

Une élève arrivait-elle au pensionnat ou y revenait-elle après les vacances, le premier soin de Mère Sainte Emilie était de la conduire devant le Saint-Sacrement. Nous lisons dans sa correspondance : « Ici, toutes nous vous reverrons avec plaisir, ma chère enfant, mais je ne céderai à personne la jouissance de vous accompagner un instant près du saint autel, pour dire à Jésus et à sa sainte Mère que voilà une enfant qui vient chercher près d'eux secours et protection. »

C'est souvent tout un travail de défrichement qu'il faut opérer dans l'âme de l'enfant. Les passions naissantes n'ont pas toujours rencontré au sein de la famille la direction voulue, et, la première éducation eût-elle été complète, la religieuse éducatrice devra surveiller encore les diverses tendances qui s'agitent dans le cœur de l'enfant. L'étude de ces tendances était la première préoccupation de la Mère Sainte Emilie. Pour conquérir une place, il faut en connaître les ressources, tout autant que les points faibles. Cette connaissance acquise, la sage maîtresse se mettait à l'œuvre avec une sainte vigueur.

Elle veut avant tout former des caractères, des âmes viriles que le mot de sacrifice n'épouvante pas. Pour atteindre ce résultat, elle base l'éducation sur la religion ; elle montre la grandeur de cette religion sainte, fait admirer l'élévation, la pureté de la doctrine, la beauté de la morale évangélique. La véritable énergie, la vraie grandeur ne se trouvent que dans le Christianisme. C'est pourquoi la Mère Sainte Emilie prétend nourrir de cette sève divine les jeunes intelligences qui lui sont confiées. Toutes ses paroles, toutes ses actions révéleront l'esprit chrétien qui l'anime. Non contente d'apprendre aux enfants la lettre du catéchisme, elle leur explique à fond la doctrine chrétienne ; « elle leur montre l'Evangile comme le livre par excellence qui renferme un frein pour toutes les passions, un encouragement pour toutes les lassitudes, une certitude pour tous les doutes ; » les accoutumant à y puiser en toutes circonstances, elle les attache étroitement à Dieu et leur fait trouver le secret du bonheur réel.

Suivant ces paroles des Constitutions, la Mère Sainte Emilie avait sans cesse les *yeux du corps fixés sur la petite créature et les yeux de l'âme élevés vers le Créateur*.

Elle suit attentivement les progrès, les efforts de ses élèves. Rien ne lui échappe. Elle remarque surtout si le devoir est accompli avec exactitude, s'il est aimé comme l'expression de la volonté de Dieu. C'est en rappelant sans cesse à cette divine volonté, qu'elle réprime les caprices, corrige les négligences. « Eh ! quoi, mon enfant, disait-elle parfois, c'est ainsi que vous accomplissez le désir de Notre-Seigneur ! Oserez-vous lui offrir cette page peu soignée, cette leçon mal apprise ? »

Notre bonne Mère avait la main ferme, elle agissait sans partialité ; mais lorsqu'elle avait imposé une pénitence, il fallait la subir. Un jour, une élève externe mérita d'être retenue à l'heure du dîner. Sa mère s'en montra mécontente et lui envoya un repas excellent. La Mère Sainte Emilie ne crut pas devoir céder en pareille circonstance, et, aux objections faites par Madame le G., elle répondit : « Ma chère Caroline, vous m'avez jugée capable d'élever vos enfants, vous me laisserez, je n'en doute pas, le droit de les punir. »

Jenny de B*** était traitée avec moins de faiblesse par sa famille. Lorsque sa turbulence en classe obligeait à la garder en retenue, on lui apportait une écuelle grossière contenant un potage, unique mets qu'on lui accordât. Un jour qu'elle avait mis le comble à son espièglerie, M. de B***, ignorant la conduite de sa fille, se présenta à la porte de l'externat pour la faire sortir : « Ah ! Monsieur, dit la Maîtresse générale, je suis heureuse de vous voir, j'ai besoin d'un morceau de pain sec pour Jenny. » — « Eh bien, Madame, il vous arrivera sans retard. »

La Mère Sainte Emilie ne se montrait pas moins ferme envers une de ses nièces qui, bien qu'intelligente et gracieuse enfant, ne laissa pas de lui donner maints soucis. Elle la reprenait fréquemment et sans faiblesse. Malgré tout, Berthe aimait beaucoup sa tante. La fête de cette dernière approchait ; pour bouquet, la petite fille n'avait à lui offrir que des tours de sa façon ; aussi fut-elle humiliée quand elle entendit ces paroles : « Mademoiselle, vous ne me souhaiterez pas la fête, je ne veux pas vous embrasser. » Mais, le jour venu, Berthe se mêle à ses compagnes, elle se glisse furtivement derrière sa tante, de ses deux petites mains, la saisit par la tête et, triomphante, lui dit : « Je vous souhaite la bonne fête ! » — « Mais, Mademoiselle, vous ne devez pas être ici. » — « Moi, je voulais vous embrasser, » et elle recommence une seconde fois.

Au fond, la tante était aussi heureuse que la nièce. Elle constatait que ses remontrances ne lui aliénaient pas ce jeune cœur, et entrevoyait déjà le bien qu'elle devait faire à cette nature expansive.

C'était surtout pendant l'année préparatoire à la première communion, que la zélée Ursuline entourait ses élèves des soins les plus assidus et les plus religieux. Elle réunissait, dans des entretiens particuliers, le petit groupe d'élite qu'elle devait initier au plus profond de nos mystères, et, jetant à pleines mains, dans cette terre bien préparée, la bonne semence de la foi, elle gravait dans ces jeunes cœurs les principes qui devaient servir de boussole à leur existence. Le grand jour venu, elle l'entourait de toute la solennité qui lui convient, suivant ainsi les traditions de l'Ordre et imitant la Mère Saint-François, ursuline du faubourg Saint-Jacques, à Paris, à qui la France doit l'institution de la première communion faite en commun avec des cérémonies particulières, après une préparation sérieuse et un enseignement spécial.

La Mère Sainte Emilie tournait aussi les pieuses aspirations de ses élèves vers la venue de l'Esprit-Saint, et, par cela seul que le sacrement de confirmation ne nous est donné qu'une fois, elle voulait qu'on s'y disposât avec une ferveur toute particulière.

Après avoir fait naître dans l'âme de ses enfants, comme une faim sacrée, le désir de la prière et des sacrements, elle s'efforçait de les lancer dans la voie du bien, avec la générosité qui la caractérisait et qu'elle communiquait facilement à autrui.

C'est un grand art, a-t-on dit, que celui d'exercer sans blesser, de mortifier sans aigrir, de fortifier sans fatiguer. Cet art, la Mère Sainte Emilie le possédait à un haut degré ; aussi ne brusquait-elle jamais la réforme à opérer dans une âme. La droiture de son caractère lui gagnait promptement la confiance ; on s'accoutumait à déverser dans son cœur les petits ennuis de la vie d'écolière. La sage éducatrice fournissait alors invariablement le moyen de se mieux connaître, et plus encore, de se vaincre.

Une jeune fille au cœur excellent, à l'esprit précoce, se laissait aller à des saillies regrettables. A treize ans, elle jugeait de tout et de tous avec la promptitude du jeune âge. Elle disait hautement que l'institutrice qui avait commencé son éducation n'avait su ni la comprendre ni la diriger. La Mère Sainte Emilie déploya toutes les ressources de son intelligence pour toucher cette âme, mais il fallait attendre l'heure propice pour y pénétrer.

Dans une circonstance où cette élève s'emporta contre une sœur converse, elle lui montra ce que sa conduite avait de répréhensible, avec tant de modération et d'aménité, que l'enfant, entièrement subjuguée, s'adonna au bien avec une énergie qui produisit une transformation complète.

La Mère Sainte Emilie eut toujours une sorte de prédilection pour ces caractères pleins de vivacité et de pétulance, parce que, généralement, elle rencontrait beaucoup de loyauté dans leur commerce et de nombreux ressorts pour le bien dans leur organisation. Ces lutines, comme elle les appelait, si portées à l'indépendance, ne savaient pas lui résister.

Mais, pendant qu'elle usait de certains ménagements avec celles-ci, elle provoquait les explosions de l'amour-propre dans ces tempéraments timides et réservés dont les défauts ressemblent assez au feu caché sous la cendre : « C'est ma pierre de touche, disait-elle, je n'ai point de confiance dans les vertus qui n'ont pas rencontré d'exercice. » Et quand l'ennemi avait été forcé à se faire reconnaître, elle l'attaquait par tous les moyens en son pouvoir. Un jour, on vint lui dire que deux jeunes filles versaient d'abondantes larmes après une réprimande : « C'est bien, répondit la Mère Sainte Emilie, je sais qui a fait la blessure, je sais aussi qui pourra la guérir, quand il en sera temps. »

Tout en cultivant l'esprit et le cœur de l'enfant, elle n'oubliait point que le bien-être et la prospérité d'une maison sont surtout l'œuvre de la femme. Préparant donc de loin ses jeunes filles à la pratique des vertus domestiques, elle leur montrait la nécessité particulière de la prévoyance. Rien n'est plus indispensable, en effet, à quiconque doit exercer, à quelque degré que ce soit, l'art si difficile du commandement. Mais les personnes chargées de l'éducation de la jeunesse exercent peut-être encore plus d'influence par leur caractère que par leur enseignement. Les élèves de Mère Sainte Emilie durent donc retirer des leçons bien précieuses de la compagnie de cette femme foncièrement raisonnable et pratique. En la voyant tout prévoir, tout organiser, de manière à éviter le plus petit désordre, elles s'efforcèrent naturellement de reproduire, autour d'elles, la sage administration dont elles avaient bénéficié.

A son école, elles apprirent aussi que l'ordre et l'économie constituent la meilleure dot de la femme et que, sans elles, une maison jusque-là opulente, offrira bientôt le spectable le plus lamentable.

La Mère Sainte Emilie cultiva principalement, par les mille moyens que fournit la vie du pensionnat, les qualités sérieuses qui, suivant une expression pittoresque, « sont comme le lest qui fait plonger le bâtiment jusqu'à la ligne de flottaison, et l'empêche de devenir le jouet des vents. »

Mais la formation morale était loin de faire négliger par les Ursulines l'instruction de leurs élèves. Comme nous allons le voir, au contraire, un grand développement fut donné en ces années-là aux études classiques.

Dans la première partie du siècle, le couvent de Quintin se tenait au niveau des autres institutions du pays, sans aucun souci des examens à tous degrés qui sont venus, depuis, surcharger les programmes d'enseignement, et contribuer à ce que l'on nomme aujourd'hui le surmenage intellectuel. Mais, lorsque les exigences académiques imposèrent des réformes, la Mère Sainte Emilie ne s'y refusa pas. Elle avait trop à cœur de prouver que « l'ignorance et l'incapacité ne sont pas les suivantes de la vérité et de la vertu. » Quand le supériorat eut donné un plus vaste champ d'action à son zèle, des professeurs d'anglais, d'allemand, de musique, de peinture, de sciences physiques et naturelles, furent tour à tour chargés d'initier aux nouvelles méthodes le personnel enseignant.

Non seulement elle cherchait, en ceci, à maintenir la juste renommée de son monastère ; mais, après avoir fait de ses enfants des chrétiennes instruites et ferventes, aptes à bien remplir la destinée que leur réservait la Providence, elle voulait, avec justice, en faire des femmes agréables, par la culture de l'esprit et par ce que l'on est convenu d'appeler les arts d'agréments. Ne peut-on pas jeter quelques fleurs sur le chemin parfois si si aride de la vie ?

La Mère Sainte Emilie se porta plus difficilement à modifier le plan d'instruction dans les classes gratuites. Elle voulait élever les enfants du peuple dans une grande simplicité de mœurs, seule garantie du bonheur ; mais il lui fallut bien consentir graduellement aux modifications réclamées par les circonstances.

Ce fut vers 1828, quatre ans après sa profession, qu'elle se trouva pour la première fois en contact avec cette portion chérie du bercail de Sainte-Angèle. Suivant son expression, elle fut toute à ses enfants et pour ses enfants ; son dévouement forma une génération pétrie de foi et de vertus robustes. Il nous a été donné d'entretenir plusieurs de ces femmes, aujourd'hui plus que septuagénaires. De leurs lèvres à toutes, sont tombées des bénédictions pour la *bonne Mère* qui les a préparées à la première communion, leur a montré la vie, ce qu'elle est, et les a prémunies contre les écueils de la traversée.

Ce n'était point, en effet, dans les seules années du pensionnat et de l'externat, que l'ursuline zélée prodiguait à ses élèves les trésors de tendresse dont son âme débordait. Comme le cultivateur qui a confié la semence à un sol sans profondeur, elle savait bien que la jeune tige, fraîchement éclose, manque encore de consistance ; qu'il ne suffit pas de tracer un sillon, mais qu'il faut surtout le féconder. Elle suivait donc ses enfants à travers le monde, et marquait à chacune le péril qui l'attendait ou la part de sacrifice à s'imposer pour le bonheur du foyer domestique.

Que de fois elle bénit Dieu de n'avoir pas désespéré de ces natures légères et mobiles, flot bouillonnant qui semble courir au précipice ! N'ayant pu endiguer leurs passions naissantes, elle attendait l'heure décisive de l'épreuve ; c'était le signal d'un nouvel assaut, le plus souvent couronné d'une sorte de résurrection morale, qui payait au centuple ses labeurs.

Un père, qui confiait à la Mère Sainte-Emilie l'éducation de sa fille, faisait devant elle la réflexion suivante : « Vraiment, Madame, vous retirez peu de jouissances de vos fonctions : seules les familles de vos élèves recueillent les fruits de vos travaux. » — « Sans doute, Monsieur ; mais nous éprouvons bien quelque bonheur, quand nous apprenons que Dieu a fait fructifier le bon grain dans la terre où nous l'avons jeté. »

Elle développe cette pensée dans une lettre à une ancienne élève : « Lorsque, mes enfants, de retour dans vos familles, vous faites la joie de vos parents, que vous êtes pieuses, sages, utiles dans le monde, nous sommes trop récompensées des soins et des soucis que nous a coûtés votre enfance. »

Jusqu'à la fin de sa carrière, la Mère Sainte-Emilie s'intéressera à la grande œuvre de l'éducation chrétienne. Elle sera, pour ses anciennes élèves, une conseillère toujours écoutée, disons plus, une mère respectée et chérie. Elle prendra la plume pour les exhorter au respect vis-à-vis des parents, à la charité, au support mutuel, à l'assistance aux offices de la paroisse. Elle relèvera, redressera, encouragera avec une affectueuse énergie. Sa maternité spirituelle la consolera de la perte de ses forces, de la mort même. La mort d'ailleurs ne terminera pas son apostolat. Du haut du ciel, cette bonne Mère veillera sur ses filles et leur laissera en héritage son zèle et son esprit de sacrifice.

CHAPITRE III

Depuis quelques années la Mère Sainte-Emilie était maîtresse générale des classes externes, lorsqu'elle fut appelée à faire partie du conseil de la communauté, en qualité de zélatrice. Cette charge devait mettre en relief la sûreté de jugement et le tact parfait de la jeune religieuse. Malgré les difficultés de la position, elle y fut vraiment l'ange du monastère, le lien de la charité entre les sœurs. Elle y apprit à mieux connaître l'état spirituel de la maison, et plus d'une fois elle gémit en secret de voir la règle beaucoup trop négligée : le rétablissement encore nouveau de la communauté de Quintin, le défaut de fusion entre les religieuses de différents ordres, qui s'y étaient réfugiées après la révolution, telles étaient les principales causes de ce relâchement.

Un jour, dans une des classes externes, la Mère Sainte-Emilie s'abandonnait à sa douleur. Une de ses compagnes, la Mère Saint-François de Sales, la surprend et la presse de lui confier le sujet de ses larmes. « Je souffre, dit-elle, d'une peine que personne ne peut consoler : la règle n'est pas observée... » — « Mais bien des améliorations ont eu lieu déjà ; et puis les supérieures ne tolèrent-elles pas cet état de choses, Monseigneur lui-même ?... » — « N'importe, la règle n'est pas observée. » — « Consolez-vous, reprit son interlocutrice, elle le sera bientôt, et par vos soins, ma bonne Mère. »

Vers la même époque, les supérieures confièrent à la Mère Sainte-Emilie la direction des novices, poste important et délicat qu'elle occupera à trois reprises différentes. La Providence lui fournissait ainsi les moyens de commencer l'œuvre de rénovation, que nous la verrons, dans la suite, étendre à la communauté entière.

A peine entrée en fonctions, elle fit observer la discipline régulière en tous ses points.

La jeunesse est naturellement enthousiaste ; les novices subirent bientôt l'influence des vertus de leur bonne Mère. Cette sainte règle qu'elle interprétait avec tant d'onction et qu'elle pratiquait avec une si grande exactitude, leur apparut, non comme un joug austère, mais comme un moyen infaillible de parvenir à la plus haute perfection.

Un des premiers soins de la jeune maîtresse fut d'établir des conférences quotidiennes sur les mystères de la foi, la vie des Saints, les Règles et les Constitutions de l'Institut. C'était le soir, après la récréation, qu'on se réunissait ; chacune était invitée à émettre ses réflexions personnelles.

Un bien immense fut le résultat de ces pieuses réunions, qui d'ailleurs avaient leur complément dans les entretiens particuliers de la Mère Sainte-Émilie avec ses novices.

A l'arrivée d'une jeune postulante, la maîtresse l'initiait aux mille petits détails de la vie monastique, afin que, dès le principe, l'extérieur revêtît quelque chose de religieux. On apprenait à fermer doucement une porte, à parler bas, à s'abstenir de toute conversation dans les lieux réguliers. La fidélité à ces menus détails lui était un premier signe de vocation. Elle relevait souvent les négligences sur ce point en ces termes : « Si Notre-Seigneur était ici, ne seriez-vous pas plus soigneuses ? » Ou encore : « Faites tout bien, parce que votre Père céleste a tout bien fait. »

La Mère Sainte-Émilie donnait l'exemple de ces petites vertus, vraie caractéristique de la sainteté. Laisser une lettre à demi formée au son de la cloche, remettre immédiatement en place un objet devenu inutile, rien à ses yeux n'était au-dessous d'elle, rien n'était vulgaire. Jusque dans la vieillesse, elle ne se départit jamais de ces louables habitudes, bien simples en elles-mêmes, mais très sanctifiantes quand elles ont leur source dans l'amour du devoir et les pensées de la foi.

Elle excellait à juger vite et sûrement de la vocation, à reconnaître les aptitudes de chacune, et déjouait, avec une rare sagacité, l'action du malin esprit, dans les tentations suscitées aux novices.

Une aspirante, sous l'influence du découragement assez ordinaire au début de la vie religieuse, répondit à un commandement qui lui était fait : « Je préférerais retourner à la maison paternelle. » — La Mère Sainte-Emilie, jetant sur elle un regard pénétrant : « Vous êtes libre, mon enfant ; cependant examinez si telle est la volonté divine ; il importe peu que nous jouissions ou que nous soyons dans la souffrance, si nous cherchons uniquement Dieu. »

Sachant combien l'appréhension de ne pas persévérer est nuisible, surtout aux commençantes, elle leur répétait sans cesse : « Mes enfants, vos défauts « ne vous empêcheront pas d'être admises à la « profession, si, les reconnaissant franchement, « vous travaillez avec ardeur à les extirper. Les « grandes passions font les grands saints, et l'expé- « rience prouve que Dieu donne, à l'âme de bonne « volonté, un attrait pour la vertu contraire à son « défaut dominant. Cet attrait sera votre force et « votre lumière ; suivez-le fidèlement, et vous

« atteindrez le degré de gloire que la Providence
« vous a marqué. »

« Je vois bien, lui dit une autre postulante, que
« je ne m'accommoderai jamais de la vie de com-
« munauté ; permettez-moi de retourner près de
« mon père. »

Sa maîtresse la rassure, l'encourage, puis, sur
de nouvelles instances, lui répond avec fermeté :
« Ma Sœur, que je ne vous entende plus en parler ;
trois mois de noviciat vous feront du bien. Après
ce temps, je vous laisserai complètement libre. »

Ce délai écoulé, elle appelle Sœur Saint Vincent
de Paul et lui dit : « Maintenant vous pouvez
nous quitter. » — « O ma Mère, je n'y songe plus,
« je suis trop heureuse ! » La vie de cette religieuse
s'est passée dans une continuelle action de grâces,
envers Dieu et envers celle qui avait servi d'instrument à la divine Providence.

La prudente maîtresse ne procédait ainsi qu'a-
près des preuves de vocation. Dans le cas contraire, elle n'hésitait pas à congédier la jeune
fille, quels que fussent ses qualités et ses talents.
C'était, à ses yeux, préserver les âmes vraiment
appelées, et les prémunir contre un contact toujours
dangereux.

Une jeune fille était au noviciat depuis quelques
mois, lorsque la Mère Sainte-Emilie en prit la
direction. La mère-maîtresse ne tarda pas à s'aper-

cevoir que cette novice ne perdrait jamais l'esprit du monde ; elle la congédia donc au plus vite.

Ce départ eut du retentissement. On privait, disait-on, la communauté d'un sujet remarquable. La clairvoyante maîtresse se contenta de répondre : « Pour être religieuse, il faut être appelée de Dieu, « et cette personne ne l'est pas. »

Remplie de sollicitude pour la santé de ses novices, elle savait cependant les aguerrir contre les souffrances habituelles d'un tempérament délicat ; parfois même elle plaisantait agréablement celles qui s'inquiétaient outre mesure de légères indispositions ; témoin cette aspirante qui s'était munie de toute une pharmacie en prévision de maux à venir. « Que signifient, mon enfant, ces fioles et ces « pommades ? lui demanda la maîtresse ; confiez- « les moi et, le jour de votre mort, on les mettra « sous votre oreiller. »

Dans cette formation virile de la jeunesse religieuse, la Mère Sainte-Emilie laisse voir facilement son but et sa méthode. Elle ne veut dans la milice sainte que des âmes généreuses, que n'effrayent point les épines de la route.

Une jeune fille de faible complexion soutenait péniblement l'austérité de la règle : « Ma bonne « enfant, lui dit sa maîtresse, vous n'êtes pas assez « forte pour demeurer parmi nous ; vous ne pour- « riez suivre en tout la vie commune ; je vous

« engage à retourner dans votre famille, où les
« soins maternels fortifieront votre santé. » —
« Ma Mère, répondit la courageuse postulante, je
« ne consentirai jamais à quitter le cloître de ma
« propre initiative ; je vous promets d'accomplir
« tous les devoirs de la vie religieuse, quoiqu'il
« m'en coûte. » Cette énergique réponse valut à
la jeune fille le bonheur de la profession. Depuis
un demi-siècle, la fervente ursuline est restée fidèle
au programme de ses premières années.

On n'ignorait pas d'ailleurs que la Mère Sainte-
Emilie avait pratiqué ce qu'elle enseignait aux
autres. A l'âge de trente-deux ans, des crachements
de sang avaient fait craindre pour elle, mais sa
force de caractère avait hâté son rétablissement.
Relevant elle-même le moral des personnes qui
s'affligeaient de la voir malade : « J'attendrai,
« disait-elle, que la mort arrive pour me tour-
« menter. Dans mon bas âge j'étais fort délicate,
« le docteur assurait à ma mère qu'elle aurait une
« peine inouïe à m'élever, qu'elle devait m'entourer
« de minutieuses précautions. Savez-vous en quoi
« consistaient ces soins multiples ? A me laisser au
« lit une partie de la matinée, où l'on m'apportait...
« quoi donc ? une tasse de chocolat ?... de café ?...
« un potage ?... Oh ! non... une simple tartine de
« pain ! »

La grande science de la maîtresse des novices

consiste à reconnaître le tempérament et les dispositions des âmes qu'elles doit former à la vie religieuse. « Chacune excède par quelque côté, il « faudra donc les violenter pour les ramener au « juste milieu. L'une est molle, l'autre brusque, « celle-ci n'a jamais suivi que ses caprices ; celle-« là, trop timide, n'a jamais rien su entreprendre. « Tantôt ce sont des passions violentes qu'il faut « apaiser, le plus souvent, c'est l'orgueil de l'esprit « qu'il faut abattre (1). »

Pour faire une œuvre durable, pour élever un édifice que les courants n'emportent pas, la Mère Sainte-Emilie voulait bâtir sur le roc inébranlable du sacrifice.

Elle travaillait donc fortement les âmes qui lui étaient confiées, et ne s'arrêtait pas qu'elle n'eût atteint en elles le vif et qu'elle ne les eût jetées dans la voie du renoncement. Elle exerçait ses filles aux choses qui semblent viles à la nature, et s'efforçait de les rendre plus avides de sacrifices, que les mondains ne le sont des richesses et des honneurs.

Le monastère était pauvre et chargé de dettes, le travail devenait donc un devoir plus impérieux que jamais. On mettait la main à tout, à la lessive, au jardinage ; on ne craignait pas même de charrier

(1) Educateur apôtre par J. Guibert, prêtre de Saint-Sulpice, directeur du séminaire d'Issy.

la pierre et le sable pour les constructions. Souvent ce dernier travail se faisait dès l'aube, avant l'oraison du matin. En y employant ses novices, la Mère Sainte-Émilie leur faisait pratiquer la mortification des sens, et les conduisait à l'amour de la vie cachée.

Qu'on nous permette de citer encore quelques échos lointains des enseignements qu'elle savait nuancer selon les besoins de chacune : « Ma chère
« sœur, disait-elle à une novice, vous voilà entrée
« dans la sainte religion, pour y glorifier Dieu ;
« souvenez-vous que vous devez surtout pratiquer
« l'humilité ; ne possédant aucun de ces talents
« qui attirent les regards, cherchez toujours la
« dernière place : cette voie est la plus sûre, on y
« trouve Jésus, le Dieu des petits et des humbles
« de cœur. »

Ce conseil fut suivi, Sœur Marie-Angélique prit toujours pour elle ce qu'il y avait de pénible et se rendit extrêmement utile. Devenue supérieure, la bonne mère disait à son sujet : « Quand je dis-tribue les offices, dans tous je voudrais Sœur Marie-Angélique, pour seconder la première en charge. »

« L'obéissance est une vertu facile dans la jeunesse,
« ajoutait-elle encore ; à votre âge, on se laisse
« facilement diriger. Mais, en vieillissant, vous ren-
« contrerez des supérieures plus jeunes que vous ;
« alors vous serez heureuses d'avoir compris l'obéis-
« sance de foi. »

Les rapports de la Mère Sainte-Emilie avec ses novices furent toujours marqués au coin du plus parfait détachement. Elle les aimait d'une affection forte qui ne permit jamais à la nature de corrompre aucun des effets de la grâce.

Une Sœur qui allait quitter sa direction lui en exprima des regrets : « Ne vous attachez pas à la « personne de vos supérieures, mais à leur chaise, « lui fut-il répondu... Ces paroles vous étonnent, « ma fille, eh bien ! j'ai reçu moi-même ce conseil « pendant mon noviciat, et je ne l'ai point oublié ; « je souhaite qu'il vous serve toute votre vie. « Aimez et respectez en vos supérieurs, non les « créatures, mais les représentants de Jésus-Christ. « Parlez-en peu, dans la crainte d'amoindrir en « vous la vie de foi et d'exposer le prochain à la « tentation. »

C'est ainsi que la Mère Sainte-Emilie faisait pressentir Dieu, sans souffrir qu'on s'attachât à son humble personne.

Parfois, jetant sur l'avenir un regard anxieux, elle se demandait si la jeunesse qu'elle formait aux vertus religieuses aurait la générosité d'âme de ses devancières. « Je tremble pour vous, mes « Sœurs, disait-elle alors ; d'ici quelques années « vous serez dispersées dans les offices de la « communauté ; si vous ne vous formez pas à « l'esprit de pauvreté et d'obéissance, que devien-

« drez-vous, et, partant, que deviendra la régu-
« larité ? »

Et, comprenant la responsabilité qui lui revenait
dans cette grave question, la vigilante Maîtresse ne
cessa jamais de veiller avec une sollicitude extrême
sur les jeunes filles qui lui étaient confiées ; elle
était attentive à leurs moindres démarches : « car,
disait-elle, le noviciat est le canevas de la vie religieuse ; les novices ferventes deviendront de saintes
professes. »

« Jamais je n'oublierai, raconte une de ses filles,
« la première visite matinale qu'elle me rendit.
« Depuis le signal du lever, je m'étais occupée de
« ma toilette, encore inachevée, quand ma Mère-
« maîtresse se présenta et me dit : « Marie, votre
« lit n'est pas fait, l'oraison sonne, suivez-moi ;
« vous reviendrez, après la messe conventuelle,
« mettre votre cellule en ordre. A l'avenir, que
« tout soit prêt à l'heure ; c'est la règle, vous devez
« l'accomplir ponctuellement. » Je n'étais ici que
« depuis la veille. Cette leçon s'est gravée bien
« avant dans mon esprit, et m'a servi dans mille
« autres circonstances. »

Ecoutons encore le conseil qu'elle donne à une
jeune fille du grand monde : « Le temps d'avoir
« des femmes de chambre est passé pour vous ;
« habituez-vous, mon enfant, à vous servir vous-
« même. »

« La vertu, dit Sainte Magdeleine de Pazzi, n'a de féminin que le nom, elle est virile pour tout le reste. » La Mère Sainte-Emilie, on le constate, savait le faire comprendre pratiquement ; et, si du côté des austérités corporelles, elle n'excéda jamais, le noviciat, sous sa direction, n'en fut pas moins une école de toutes les vertus.

Remarquait-elle qu'une postulante tardait à embrasser une pratique pénible et humiliante ? elle s'adressait à une nouvelle arrivée et l'excitait à s'y adonner généreusement. Elle faisait ainsi rougir celle qui montrait peu d'ardeur à porter la croix.

Son action était forte et pleine d'influence. Pour lui obéir, on aurait exécuté les commandements les plus contraires à la nature et même les plus bizarres : témoin cette jeune sœur Marie de Chantal qui, pendant une récréation, saisissait un insecte dégoûtant et le portait à ses lèvres, sur un ordre plaisamment donné et aussitôt rétracté par la maîtresse.

Cependant, il est juste de dire que la Mère Sainte-Emilie régnait moins par l'autorité de son caractère que par son affectueuse bonté. Ses réprimandes avaient l'apparence d'une certaine sévérité ; mais, sous cette écorce un peu rude, on devinait tant de droiture, tant de justesse d'appréciation, qu'on se serait cru en faute de lui en vouloir ou de lui mesurer l'estime.

Il faut un long commerce avec les âmes, avant de les bien connaître. Comme une première brume efface un faux vernis, les vertus superficielles s'annihilent dans le creuset de l'épreuve. Souvent aussi des défauts, qui nous avaient fortement choqués chez les autres, se changent en vertus solides sous l'action de la grâce, secondée par une volonté énergique et une direction sage.

Une novice semblait manquer d'ordre, d'adresse et d'activité. Pendant le postulat, ses progrès furent à peu près nuls. Ce n'est pas qu'elle n'eût une grande énergie de caractère, mais elle n'avait pas le courage de faire le sacrifice d'une affection naturelle.

Après avoir beaucoup prié, la Mère Sainte-Émilie appela Sœur Marie de Chantal et lui dit : « Mon « enfant, vous n'irez jamais à Dieu que vous « n'ayez brisé ce lien ; l'humiliation en sera le « résultat, j'en ressentirai moi-même le contre-coup, « mais je ne reculerai pas. De votre côté, vous « sentez-vous forte ? » — « Oui, ma Mère, je suis « résolue à tout affronter. » A partir de ce jour, l'heureuse maîtresse remarqua chaque semaine, et d'une manière saisissante, les progrès de cette novice. La règle de conduite de cette jeune Sœur fut l'imitation de Jésus dans les plus minutieux détails de la vie. Plus tard, on la jugea capable d'emplois importants. Elle les remplit à la satisfaction de la communauté, plus par sa haute vertu que par ses talents naturels. Depuis quelques années déjà, elle dirigeait le noviciat, lorsque, à l'âge de trente-deux ans, elle quitta la terre pour aller au ciel.

La Mère Sainte-Emilie mettait tout en œuvre pour ouvrir les cœurs à la sainte dilection des enfants de Dieu. De là, à former des caractères doux et pliables, il n'y a qu'un pas.

Une jeune fille, appelée sans attrait à la vie religieuse, ressembla quelque temps à un buisson d'épines. La bonne Mère l'entoura d'affection, lui parla avec intérêt d'un père, de frères, de sœurs tendrement aimés. A ce contact les épines s'émoussèrent, et Anna devint une aimable et sainte ursuline.

Dieu a ses moments, il faut savoir les attendre. Aussi, la prudente maîtresse disait-elle avec saint Anselme : « Quand on contrarie trop une jeune « plante, on l'empêche de porter du fruit. De « même, lorsqu'on dirige la jeunesse avec trop de « rigueur, loin de la gagner, on la rebute souvent « et on l'éloigne du service de Dieu. »

Elle remarqua que, sous un extérieur charmant et de grandes qualités, une postulante cachait un fonds d'égoïsme capable de paralyser le bien qu'on pouvait en attendre. Pendant six mois, la bonne Mère ne cessa de montrer à cette jeune sœur quelles pouvaient être les suites de ce défaut ; enfin la divine charité s'empara de cette âme, et la rendit aussi dévouée qu'elle avait été jusque-là remplie d'elle-même.

L'esprit de l'Ordre de Sainte-Ursule est éminemment tempéré. Le but de l'Institut ne doit pas être compromis par des austérités excessives. Et d'ailleurs, l'éducation de la jeunesse ne suppose-t-elle pas une mortification de tous les instants ? La religieuse éducatrice donne sa vie goutte à goutte jusqu'au dernier soupir ; puis, semblable à la lampe privée d'huile, elle s'éteint pour ne briller plus qu'au firmament de Dieu.

La vénérable Mère de l'Incarnation, fondatrice et première supérieure des Ursulines de Québec, se trouvait fort combattue par le désir d'entrer au Carmel ou chez les Feuillantines, à cause de la solitude et des pénitences qu'on y pratiquait. « Etant « de la sorte pensive et attirée des deux côtés, « raconte-t-elle, mon esprit ne cessait pas de reve- « nir aux Ursulines. Il me semblait que je devais « faire plus d'état des fonctions de leur Ordre pour « l'instruction des âmes, que de toutes les austérités « des autres. Et, puisque la bonté divine m'avait « favorisée, au milieu de l'embarras du siècle, des « grâces singulières dont j'ai parlé, cet Institut me « serait plus propre qu'aucun autre, la conversation « avec le prochain s'y pratiquant selon le modèle

« de la vie apostolique du Sauveur. Cette dernière
« considération me paraissait d'un grand poids. »

La vénérable Marie de l'Incarnation ne cessa
de bénir Dieu de l'avoir appelée à cette vocation
mixte, qui joint aux exercices de la vie contempla-
tive les labeurs de la vie active (1).

« La dévotion propre aux Ursulines, dit Madame
« de Pommereu (2), est une dévotion forte et solide
« qui sait trouver Dieu au milieu du tracas des
« classes et excite les religieuses aux vertus géné-
« reuses et guerrières, par lesquelles on acquiert
« les extases pratiques, qui sont bien les meilleures,
« faisant sortir les âmes d'elles-mêmes et quitter
« Dieu pour Dieu en servant le prochain. »

C'est dans cet esprit, que la Mère Sainte-Emilie
prépare ses filles à leur sublime vocation. Elle veut
en faire des apôtres, « des apôtres qui gardent à Dieu
la fidélité de leurs âmes et dépensent pour sa gloire
toutes leurs énergies vitales. »

Elle leur apprend donc à s'immoler dans l'œuvre
de l'éducation de la jeunesse, à mortifier leurs
passions pour se rendre aptes à tous les exercices
de la religion. Avec la règle, elle leur demande

-----

(1) *Vie de la Vénérable Marie de l'Incarnation,* ursuline, par
une religieuse du même ordre.

(2) Ursuline du Faubourg Saint-Jacques, à Paris, l'une des
rédactrices des premières constitutions de l'Ordre.

d'avoir en mains des lampes de bonnes œuvres, *si bien allumées, qu'en éclairant elles édifient tous ceux qui les voient.*

La prudente Mère ne permit à ses filles, avons-nous dit, rien d'excessif en fait de mortifications extérieures. « Le corps, disait-elle, est tout à la fois un esclave et un serviteur ; un esclave qu'il faut savoir dompter et réduire en servitude, un serviteur dont il faut prendre soin à cause des services qu'il nous rend. »

Parmi les sentences qui ornent le réfectoire du monastère, il en est une qu'elle faisait remarquer à ses novices : « Mangez sans choix ce que l'on vous présente, c'est la meilleure mortification. »

« Point de retranchement au nécessaire, mes
« Sœurs, ajoutait-elle encore, la vie laborieuse que
« nous menons nécessite que nous réparions nos
« forces. Rien donc ne vous manquera, soyez-en
« sûres ; j'irais plutôt à la cuisine réclamer une
« nouvelle portion pour vous. »

La Mère Sainte-Emilie rendait charmante les récréations du noviciat par des récits intéressants et pratiques. Jeune religieuse, elle avait aimé à s'entretenir avec les vénérées mères contemporaines de la révolution. Le souvenir de leurs épreuves était resté gravé dans son âme, et elle aimait à redire les beaux exemples de vertu dont elle avait été témoin. Aussi, parmi ses filles, qui ne connaissait l'obéissance de Mère Saint-Alexis, l'humilité de Mère Saint-Benoît, la charité de Mère Marie-Angélique ? Qui ne connaissait surtout la soumission de Mère Sainte-Thaïs qui, à tout ordre de ses supérieures, disait : « *Dominus est !*...... *C'est le Seigneur* », l'esprit intérieur de Mère Marie-Aimée, ingénieuse à crucifier la nature dans les moindres détails de la vie ?

Heureuses et fécondes traditions ! recueillies et transmises par une telle autorité, elles forment le patrimoine le plus glorieux d'un monastère.

Les récréations fournissaient ainsi un nouvel aliment à la vertu. Elles avaient une grande importance aux yeux de la Mère Sainte-Emilie. « Elles suffisent souvent, disait-elle, pour dissiper bien des nuages, faire évanouir les préjugés et les tentations. » Elle ne voulait donc pas qu'on assombrît ces réunions de famille et promettait la bénédiction de l'ange du monastère à celle qui égayerait les autres par son entrain et sa verve joyeuse.

C'était surtout à ces heures de contact plus familier, que la vigilante maîtresse étudiait ses novices : la nature subissant alors moins de contrainte, les vertus et les défauts se trahissent d'eux-mêmes.

Si parfois la conversation descendait insensiblement vers les vanités du siècle, elle était vite ramenée à des sphères plus hautes, et cela avec non moins de charme que de profit. C'est alors qu'on écoutait quelques-uns de ces traits édifiants que trois générations déjà se sont transmis et qu'on nous permettra de citer.

« J'étais près de notre Révérende Mère à la récréation, racontait la Mère Sainte-Émilie, quand une religieuse l'aborda, lui adressant ces paroles : La nuit dernière, j'ai vu en songe notre chère défunte, Mère A***. Elle s'est approchée de moi, me montrant une pièce de cinq francs, qu'elle tenait à la main, puis elle a disparu. A ces mots, continuait la Mère Sainte-Émilie, j'échangeai un coup d'œil avec notre Révérende Mère Supérieure. L'une et l'autre connaissions le désir qu'avait eu la défunte d'acheter un objet de cette valeur, et ses instances pour obtenir de sa famille la somme de cinq francs. Or, la religieuse qui avait eu le songe ignorait absolument cette circonstance. » — « Vous le voyez, mes filles, concluait-elle, il faut soumettre promptement son jugement et ses désirs aux supérieurs pour n'avoir pas à en répondre devant Dieu. »

Un autre jour, elle avait vu, en rêve peut-être, une religieuse décédée depuis quelque temps, qui, lui montrant une épingle à terre, lui dit : « Émilie, faites cas des petites choses ; on peut « ainsi procurer une grande gloire à Dieu. »

Tout était bonheur et confiance dans les rapports

de la Mère Sainte-Emilie avec les novices ; aussi ne faut-il pas s'étonner des larmes de celles-ci, quand les suffrages de la communauté leur enlevèrent cette bonne Maîtresse, pour la placer au premier rang. Seule, la pensée de la retrouver bientôt put alléger une si légitime douleur.

CHAPITRE IV

Premier supériorat de Mère Sainte-Emilie de 1838 à 1844.
— Etat du monastère. — Œuvre de restauration commencée.
— Visible intervention de la Providence. — Construction
de la chapelle de N.-D. des Sept Douleurs. — Mère
Sainte-Emilie fait modifier un point des Constitutions.
— Elle devient maîtresse des novices pendant le supé-
riorat de Mère Saint-François de Sales de 1844 à 1847.
— Deuxième supériorat de Mère Sainte-Emilie, en 1847.
— Travaux entrepris. — Achat d'un nouvel enclos ;
découverte de statues mutilées. — Précieux appui de Mgr
Le Mée.

Le 9 avril 1838, la Mère Sainte-Emilie, âgée de
de trente-cinq ans, devenait supérieure pour la
première fois.

La veille de l'élection, une vénérable mère, étant
aveugle, l'avait priée d'écrire sur son billet de vote
le nom de Mère X***, en ajoutant : « On parle
bien de vous, ma petite, mais vous êtes encore
trop jeune. »

Toutes n'en jugèrent pas ainsi, et quand la
nouvelle Supérieure, après l'élection, embrassa sa
fille octogénaire, celle-ci lui dit : « Vous savez bien

« que je ne vous ai pas donné ma voix ; néanmoins
« vous pouvez compter sur mon obéissance et sur
mon respect. »

La communauté se trouvait, à cette époque, dans
une position très critique. Deux anciennes Mères,
qui l'avaient rétablie et gouvernée avec sagesse,
venaient de mourir. D'autres étaient trop âgées ou
trop infirmes pour assumer le fardeau du supériorat.
Enfin, la religieuse sortie de cette charge avait
une santé déplorable, qui l'avait condamnée à garder
la chambre pendant son triennat.

Le spirituel, on le devine, avait souffert de cet
état de choses. Le temporel était dans des conditions moins favorables encore. La mort de quelques
Sœurs, plus avantagées sous le rapport de la fortune,
avait privé le monastère de leurs revenus ; de plus,
la prudence et le savoir-faire n'avaient pas toujours
présidé à la gestion de l'économat. Il résultait de
tout ceci que les ressources financières faisaient
complètement défaut.

C'est à cette heure grave que, malgré sa jeunesse,
la Mère Sainte-Emilie fut appelée à prendre les
rênes du gouvernement. Elle sentit ce que sa position avait de pénible ; sa douleur était bien amère,
et ses larmes coulèrent abondamment. Mais elle
ne perdit pas courage, elle espérait que Dieu qui
la destinait au labeur, saurait rétablir les affaires de
la communauté.

2*

Deux mois s'étaient à peine écoulés depuis l'élection, et la Mère Sainte-Emilie se voyait frappée dans ses affections les plus intimes. La Mère Sainte-Euphrasie à laquelle elle succédait et qui remplissait les fonctions de Préfète, s'éteignait après une longue et cruelle maladie. Cette mort lui enlevait une amie sûre et une conseillère prudente.

Ce n'était là que le commencement de ses épreuves. Depuis dix-huit ans, la communauté avait pour aumônier M. l'abbé Beurel, ecclésiastique pieux et instruit, qui l'avait conduite avec douceur et sagesse. Mais depuis longtemps sa santé, notablement altérée, lui rendait pénible, pour ne pas dire impossible, la pratique de son ministère. La même cause l'obligeait à de fréquentes absences. Les prêtres de la paroisse lui venaient en aide avec dévouement ; toutefois, la régularité souffrait, et le besoin de cette unité de direction, essentielle à la vie de communauté, se faisait de plus en plus sentir. Un changement s'imposait, il s'opéra.

Les familles de Quintin, qui estimaient M. l'abbé Beurel et qui ne pouvaient juger en connaissance de cause, attribuèrent son départ à la nouvelle supérieure ; on la considéra comme une femme impérieuse, comme un caractère brouillon. Ce fut pour elle une source d'ennuis ; mais sa confiance en Dieu, son tact, sa perspicacité dissipèrent bientôt tous les nuages, et la bonne entente se rétablit.

Deux ecclésiastiques succédèrent à M. l'abbé Beurel, mais il ne leur était pas réservé de seconder la Mère Sainte-Emilie. Enfin le Ciel eut pitié du monastère, et lui envoya, dans la personne de M. l'abbé Le Sage — nom prédestiné — un aumônier d'une grande vertu, éminemment doué des qualités requises pour la conduite des âmes religieuses. Sa direction a laissé de durables souvenirs.

Une autre épreuve, et des plus cruelles, pour notre vénérée Mère, au début de son supériorat, fut le départ successif de deux religieuses. Sous un prétexte futile de santé et malgré les observations les plus propres à éclairer les consciences, elles quittèrent la communauté.

La première qui abandonna le cloître, n'était autre que la Sœur dont la vocation avait paru douteuse à notre clairvoyante Mère, quand elle était sa compagne de noviciat. Sa prédiction, que nous avons mentionnée plus haut, se réalisait, et la Mère Sainte-Emilie en ressentait tout d'abord elle-même le pénible contre-coup.

L'autre qui, quelques mois plus tard, imitait ce triste exemple, était une ancienne économe. Par une mauvaise administration, elle avait jeté le monastère dans une gêne excessive : l'économat lui fut retiré, mais l'épreuve était trop forte pour sa vertu.

La jeune Supérieure vit avec une douleur immense ces deux Sœurs quitter leur sainte vocation. Et cependant le jardinier, pour donner à l'un de ses arbres plus de vigueur et de fertilité, le dépouille des rameaux inutiles et infructueux qui gêneraient la bonne circulation de la sève.

Mais poursuivons le récit de notre restauration. Depuis 1834, des Religieux de la Compagnie de Jésus avaient eu la direction des retraites annuelles ; ils avaient entrepris la réforme de coutumes abusives, inspirées par le Jansénisme, touchant les sacrements de Pénitence et d'Eucharistie.

La Mère Sainte-Emilie, qui avait souffert plus que toute autre d'un rigorisme qu'on lui avait inoculé dès la jeunesse, accéléra le mouvement de cette réforme ; et son action fut appuyée par le Révérend Père Bazire.

Caractère aussi généreux qu'énergique, ce saint religieux, sous les apparences les plus originales, cachait de grandes vertus, une science approfondie de Dieu et du cœur humain.

Pendant onze années consécutives, il distribua le pain de la parole de Dieu aux anciennes Mères qui, pour la plupart, proscrites par la Révolution, avaient été privées de la doctrine qui doit éclairer et guider toute vie religieuse.

Les enseignements du Révérend Père Bazire transformèrent peu à peu la communauté et, à l'école de ce maître, la Mère Sainte-Emilie apprit à envisager, dans le sacrement de Pénitence, bien moins ses propres faiblesses que les miséricordes de Dieu.

Elle aimait à purifier son âme dans cette piscine sacrée ; elle y apportait les plus édifiantes dispositions. Un jour qu'elle sortait du saint tribunal, la Mère portière voulut l'entretenir d'une affaire qui lui semblait pressante : « Donnez-moi un instant, « je vous prie, répondit la Supérieure, je suis « couverte du sang de mon Jésus ! »

Un obstacle à l'entier rétablissement de la règle était la dissemblance des livres de Constitutions à l'usage des religieuses ; ces exemplaires différaient, sinon pour le fond, du moins pour la forme. Celles-ci y trouvaient une excuse à leur relâchement, celles-là prétendaient, avec quelque raison, que le style vieilli de ces éditions était devenu presque inintelligible.

Sur l'avis du supérieur ecclésiastique de la maison, la réimpression des règles fut décidée ; mais comment en couvrir les frais ? on était sans ressources. La Providence y pourvut, en procurant, d'une façon inattendue, la vente d'une aube confectionnée par quelques Sœurs. On en retira deux cents francs ; l'éditeur exigeait précisément cette somme.

A partir de ce moment, les constitutions redevinrent un guide sûr et uniforme, il n'y avait plus qu'à les suivre. La Mère Sainte-Émilie profita de la retraite de 1839, pour demander les sacrifices qu'elle jugeait nécessaires au rétablissement d'une parfaite régularité.

Les Sœurs durent abandonner la propriété de toutes choses, même des plus minimes, tant pour la nourriture que pour le vêtement. Ainsi furent supprimés bien des abus qui s'étaient glissés sur ce point toujours délicat.

Le silence, si fortement recommandé par les saints instituteurs de la vie monastique, serait observé en tout temps, surtout dans les lieux réguliers ; le réfectoire n'en serait pas excepté, même aux jours de grandes fêtes.

La cellule redevenait un sanctuaire : les Sœurs ne devaient s'y visiter que par un motif de nécessité ou de charité pressante.

Enfin la vie commune, avec ses assujettissements continuels, serait courageusement embrassée. La supérieure en subirait la première les salutaires rigueurs.

Etonnées d'une si sainte hardiesse, les religieuses se disaient : « Nous avons trouvé une maîtresse femme. » Et, en effet, selon le mot de l'une d'elles, « la Mère Sainte-Émilie faisait plus de besogne en un jour, que d'autres en plusieurs années. »

Mais, hâtons-nous de le dire, la restauratrice

trouva dans ses filles une soumission admirable et un esprit de foi au-dessus de tout éloge. Aussi, en moins d'un an, la communauté avait changé de face, et l'heureuse supérieure avait le droit de dire à une ancienne élève qui lui demandait l'entrée au noviciat : « Aujourd'hui, ma fille, vous pourrez parcourir la maison sans entendre une parole inutile. »

Nous venons de dire rapidement la marche que suivit le monastère pour retrouver l'esprit religieux dans la sainte pauvreté et les autres conseils évangéliques. Voyons maintenant l'œuvre matérielle progresser dans la même mesure.

Ainsi que nous l'avons laissé entrevoir, un des premiers soins de la Mère Sainte-Émilie avait été de nommer une nouvelle dépositaire. Son choix s'était fixé sur la Mère Sainte-Julie, religieuse simple et modeste. Malgré des répugnances bien légitimes, la nouvelle dépositaire accepta sa charge avec un courage d'autant plus grand qu'elle trouvait quinze centimes en caisse pour payer les nombreuses dettes inscrites au livre des comptes.

Seule sa confiance en Dieu put la soutenir au milieu d'épreuves de tout genre. Souvent même ses paroles, pleines de foi, relevèrent le courage de la jeune supérieure. Quand elle voyait celle-ci accablée par les sollicitudes, elle lui répétait avec un affectueux respect : « Ma Mère, vous ne voulez que la gloire de Dieu ; il bénira vos entreprises ; c'est lui qui a dit : « Cherchez d'abord le royaume de Dieu et sa justice, et le reste vous sera donné par surcroît. »

Pour ne pas troubler la tranquillité des Sœurs, la charitable économe leur dissimulait, autant que possible, l'extrême détresse de la maison. Lui demandait-on un balai : « Vous l'aurez demain, ma bonne sœur, répondait-elle simplement. » Elle n'ajoutait pas que, pour en faire l'emplette, il fallait attendre le retour du jardinier, sorti en ville pour vendre quelques fruits.

La loi fondamentale de l'administration était de ne contracter aucune dette. On raconte que pendant le carême, qui comptait alors quarante jours d'abstinence complète, la dépositaire achetait un pot de beurre de soixante-quinze centimes, et ce beurre devait suffire au potage de toute la semaine.

La maladie parfois ajoutait encore à la gêne pécuniaire. Aussi, pourquoi ne pas le dire, la Mère Sainte-Émilie, bien que douée d'une grande force d'âme, eut des heures de défaillance morale. Plusieurs fois, au fort de ses peines, elle fut tentée de chercher asile dans un monastère qui lui assurerait le calme et l'obscurité.

Mais la Providence veillait, et maintes fois son intervention se révélera d'une façon bien évidente. C'est ainsi qu'un jour où les fonds faisaient complètement défaut, le tuteur d'une jeune fille se présente au parloir et demande la Supérieure : « Madame, lui dit-il, je désire vous confier l'édu-« cation de ma nièce, voulez-vous l'admettre au « nombre de vos pensionnaires et, pour éviter des « frais, recevoir immédiatement le montant de « la pension ? »

La proposition fut acceptée avec d'autant plus de joie que, ce jour-là même, le monastère devait solder une somme d'égale valeur.

Une autre fois, un propriétaire propose du bois de chauffage à d'excellentes conditions ; on accepterait bien le marché, mais pas d'argent ! Le vendeur insiste : « Mon bois est pour vous, Madame la « Supérieure, je vais le faire conduire à votre « porte, vous le payerez quand vous voudrez ; « lorsque j'aurai besoin d'argent, je vous prévien-« drai à l'avance. » Comment refuser une offre si généreuse ?

Des mois se passent, Monsieur X*** avertit qu'il désire ses fonds, l'économe n'a pas un sou, et il lui fallait huit cents francs. La seule ressource était de se recommander à Dieu. La veille de l'échéance, la Sœur portière vient dire à la Mère Supérieure que le facteur veut lui remettre en main deux feuilles de papier. C'étaient deux titres de huit cents francs, dus par l'Etat depuis plusieurs années, pour la pension de deux religieuses, victimes de la

Révolution. Personne n'attendait plus ce recouvrement.

Bien que la Mère Sainte-Emilie fût peu quêteuse par nature, elle dut, en plusieurs occasions, devancer l'heure de la Providence, en intéressant à la cause du monastère des personnes amies, et même quelquefois celles qui semblaient les plus opposées à ses vues.

Dans une de ses occurrences, avec son tact exquis, elle concilia à la communauté les faveurs d'une famille opulente, qui avait cessé toute relation avec les Ursulines depuis quelques années.

A l'époque où nous place notre récit, un ecclésiastique, ami dévoué du monastère, offrit une statue de la *Mater dolorosa* : « Mais, ajouta-t-il, je ne connais aucun lieu assez vaste pour la recevoir, à moins que ce ne soit dans votre chapelle, à l'autel de la Providence. »

La Mère Sainte-Emilie ne put consentir à changer le vocable de cet autel ; elle était trop pénétrée de gratitude pour tous les bienfaits d'en haut : « Puisque la sainte Vierge s'offre à nous, dit-elle, elle nous fera trouver le moyen de lui élever un oratoire. » La Mère des Douleurs devait donc pourvoir aux frais de son sanctuaire.

On la vénérait depuis quelque temps, lorsque M. le Curé-Doyen de Quintin vint reprocher à la Mère Supérieure son hésitation à entreprendre la construction projetée : « Ame de peu de foi, lui dit-il, pourquoi craignez-vous ? Commencez le travail, il s'achèvera ; et, pour débuter, voici trois cents francs que je suis chargé de vous offrir. »

Pleine de gratitude et impressionnée par cette remontrance, elle se mit à l'œuvre, et, le dix-huit mars 1841, on posait la première pierre de l'humble édifice, au milieu de l'enclos du monastère.

Des secours inespérés arrivèrent bientôt. M. le comte de Nédonchel, dont les ancêtres avaient été les fondateurs du couvent, se montra en cette circonstance, comme en tant d'autres d'ailleurs, d'une générosité remarquable. Son régisseur, M. Victor Guépin, mit à la disposition des Ursulines ses connaissances en architecture. C'était un homme très versé dans la pratique des affaires, d'un bon conseil, et toujours dévoué aux intérêts de la communauté (1).

La chapelle s'éleva donc gracieusement assise à l'extrémité d'une allée de noisetiers. La dédicace en fut faite en présence des bienfaiteurs, le 26 mai 1842, par Monseigneur Le Mée, nouvellement élu évêque de Saint-Brieuc et Tréguier.

---

(1) Dans toutes les constructions que nous la verrons entreprendre, la Mère Sainte-Emilie s'inspirera des avis de M. Victor Guépin. La communauté de Quintin le place au rang de ses bienfaiteurs insignes ; il le mérite à plus d'un titre.

Les travaux qui se faisaient dans le monastère excitaient la curiosité du public. On sentait que la communauté, grâce à une administration intelligente, sortait peu à peu d'une situation pénible, et le peuple en conjecturait à son aise.

M. le Doyen, occupé de la reconstruction de son presbytère, aborda un jour la jeune Supérieure, lui demandant le prêt, pour quelques jours, de sa poule aux œufs d'or. — « Ma poule aux œufs d'or ! » — « Mais oui, on dit que vous en avez une ; prêtez-la moi, s'il vous plaît, je vous la rendrai. » — « Vous la connaissez comme moi, Monsieur le Doyen, nous allons prier pour vous, et votre maison s'achèvera comme notre chapelle. »

En 1843, grâce à la haute bienveillance de Monseigneur Le Mée, la communauté recevait de riches trésors : des reliques de saint Joachim, de sainte Anne, de saint Joseph, de sainte Ursule venaient s'ajouter à celles des patrons de l'Ordre.

La joie fut grande au monastère, mais surtout dans le cœur de la restauratrice. N'était-ce pas comme une approbation du ciel pour les réformes entreprises, et un gage de bénédictions pour l'avenir ?

Cependant les six années de supériorité de la Révérende Mère touchaient à leur terme ; elle voulut mettre une dernière main à son œuvre en faisant modifier un point des constitutions.

Les statuts de la Congrégation de Bordeaux ne

s'opposent pas à ce qu'une religieuse devienne, en sortant de charge, zélatrice ou même Préfète de l'observance. La Mère Sainte-Emilie, qui craignait que, dans certaines circonstances, le prestige de l'autorité en souffrît, consulta Monseigneur Le Mée. Celui-ci lui conseilla de proposer cette affaire à la communauté, dans une réunion capitulaire : trois scrutins secrets, à un mois de distance, donneraient aux Sœurs la facilité de trouver une solution sérieusement mûrie. Cet avis, dicté par l'Esprit-Saint, fut suivi, et la majorité des suffrages sanctionna le vœu de la prudente Mère.

En quittant le supériorat, celle-ci eut la consolation de laisser le gouvernement aux mains de la Mère Saint-François de Sales qui, plus que toute autre, s'était associée aux projets de réforme de sa sainte amie. Cette réforme ne devait pas péricliter sous l'administration de Mère Saint-François ; mais nous ne parlerons pas d'événements où Mère Sainte-Emilie ne joua qu'un rôle secondaire. Elle reçut à cette époque, et derechef, la charge de maîtresse des novices.

Nous avons résumé, au chapitre précédent, ses soins maternels et religieux pour cette portion toujours si intéressante d'une communauté. Nous nous contenterons donc de dire ici que ce fut en rendant grâces au ciel, que les jeunes filles du noviciat de 1844 reçurent leur nouvelle maîtresse.

Leurs années de probation s'écoulèrent dans la ferveur et la sainte allégresse des enfants de Dieu. Elles étaient nombreuses et se distinguaient par la simplicité de leur obéissance et une grande charité fraternelle.

L'heureuse maîtresse bénissait le Seigneur du bien dont elle était l'instrument, lorsque la communauté la plaça de nouveau au timon des affaires.

La Mère Saint-François de Sales, qui avait une extrême répugnance pour la vie militante du supériorat, avait supplié ses filles de ne pas songer à elle pour la prochaine élection.

Nous étions d'ailleurs à la veille de graves événements, et les plus confiants se demandaient quel serait le sort de tant de monastères et d'institutions qui sortaient à peine de leurs ruines.

La nouvelle Supérieure fit taire ses alarmes si légitimes, afin de laisser la communauté poursuivre dans la paix l'œuvre de l'éducation.

De grands travaux avaient été entrepris depuis peu, quand arriva la Révolution de quarante-huit. Les hommes les plus judicieux conseillaient de les interrompre, disant que l'on s'exposait à voir convertir les nouveaux bâtiments en maison d'arrêt.

Bien que ces prévisions eussent quelque fondement, la Mère Sainte-Emilie préféra s'abandonner totalement aux soins de la divine Providence, craignant de pousser les ouvriers à la révolte en les privant de leur salaire. Dieu inspirait sa servante ; il exauça les vœux et les sacrifices que le monastère lui offrit sans interruption pendant cette période troublée : l'orage fut conjuré et les travaux poursuivis.

En 1849, des circonstances particulières amenèrent l'achat d'un vaste terrain, séparé de l'enclos par la voie publique.

Un tunnel permit à la communauté d'accéder au nouveau jardin, qui fut placé sous le vocable de sainte Anne ; un pavillon, où s'étaient tenues des réunions anti-catholiques, fut transformé en oratoire et dédié à la Sainte Famille.

Les murs qui entouraient ce domaine offraient peu de garantie de solidité ; il fallut les démolir, et grande fut la surprise, lorsqu'on trouva dans la maçonnerie des fragments assez considérables de statues.

On apprit qu'avant la Révolution, le porche de l'église collégiale de Quintin était orné des douze apôtres en fort beau granit.

En 1793, le maire de la ville s'en fit l'acquéreur, et, par une impiété indigne de ses ancêtres, les fit mutiler et placer dans les murs de sa propriété.

Quelques mois après, une partie de la construction s'écroulait ; il la fit relever et, par dérision, ajouta : « Les saints sont sans doute fâchés de tourner le dos aux passants ; qu'ils leur montrent le visage ! » Le mur tomba une seconde fois.

Loin de se convertir, le maire iconoclaste répara la brèche avec les statues mutilées de nouveau (1).

En souvenir de cette profanation, on décida que le vingt-neuf juin de chaque année aurait lieu une cérémonie expiatoire, par laquelle le monastère s'efforcerait de rendre aux saints apôtres des honneurs particuliers.

Les travaux extérieurs n'empêchaient pas la Mère Sainte-Emilie de s'adonner avec un dévouement sans bornes à la direction spirituelle de ses filles.

Nous verrons, dans les chapitres suivants, l'ascendant que Dieu lui donna sur les âmes, et la perfection qu'elle demandait dans la pratique des vœux et des vertus monastiques.

Elle trouva de précieux encouragements, à cette époque, pour sa conduite privée et celle de son monastère, dans la paternelle sollicitude de Monseigneur Le Mée, son supérieur majeur. Sa Grandeur s'intéressait à tout, entrait dans les plus petits détails avec une bonté touchante. Sa visite canonique de 1848 laissa des souvenirs profonds. Le saint évêque passa en revue tous les emplois de la

(1) Plus tard, touché par la grâce, il revint à des sentiments chrétiens et fit bâtir un établissement de charité dont il assura l'avenir par des revenus.

maison et eut pour chacune de ses filles un mot gracieux et encourageant : « Vous êtes encore « couvertes de la poussière du monde, dit-il aux « novices, laissez-vous brosser et souvent. » « Aimez votre vocation de sœurs converses, dit-il « ailleurs, vos humbles et fatigants travaux vous « rendent plus conformes au divin Ouvrier de « Nazareth. »

En 1852, Monseigneur Le Mée fut effrayé du mauvais état dans lequel était le bâtiment du chœur. Pendant la Révolution, ce bâtiment avait été converti en magasins de grain et tellement chargé que les poutres avaient fléchi. Sa Grandeur engagea fortement à consulter un architecte, qui jugea la reconstruction nécessaire. Une élection était prochaine : la Mère Sainte-Emilie se contenta de réunir des matériaux. La forêt de Lorges et les bois environnant Quintin furent dépouillés de leurs plus beaux chênes ; des colonnes de fonte, trouvées presque providentiellement, devaient être le soutien de trois étages de cellules. Ces préparatifs, faits avec intelligence, permirent ensuite d'exécuter en un an le projet.

CHAPITRE V

Mère Saint-Stanislas élue supérieure le 1er avril 1853. — Mère
    Sainte-Emilie dirige derechef le pensionnat. — Construc-
    tion d'une chapelle intérieure et d'un corps de cellules.
    — Découverte d'ossements humains, Mère Sainte-Emilie
    reçoit à ce sujet des lumières qui semblent surnaturelles.
    — Le Déal ; on y trouve le récit des vertus et de la mort
    de Mère Marie-de-l'Incarnation du Louët, deuxième supé-
    rieure et fondatrice du monastère de Quintin, et de Mère
    Marie-Joseph-Nicolas de la Cour Neuve. — Translation
    des restes vénérés. — Réforme des sœurs converses. —
    Sœurs auxiliaires. — Mort de Mgr Le Mée. — Mgr Martial
    lui succède sur le siège de Saint-Brieuc et Tréguier.

Le 1er avril 1853, la Mère Saint-Stanislas Le
Bourgeois fut élue supérieure. C'était une de ces
âmes ardentes qui courent dans les sentiers de la
vertu, entraînant les autres à leur suite. Son existence fut tellement unie à celle de la Mère Sainte-
Emilie, qu'il nous semble convenable de lui consacrer une page de cette notice.

L'enfance de Marie Le Bourgeois s'écoula près
de son oncle paternel, recteur de la petite paroisse
du Quillio. Le zèle du bon prêtre échoua près de

sa pupille, il ne put même lui apprendre à lire ; mais la piété avait prévenu chez elle toute science.

Un jour que M. Le Bourgeois avait montré plus de découragement que de coutume dans l'une de ses leçons, la petite Marie se prit à sangloter et entra dans l'église paroissiale. Là, agenouillée devant la statue de sainte Barbe, elle se recommande à cette grande sainte, lui exposant le sujet de ses pleurs. Tout à coup elle se sent exaucée, rentre au presbytère, prend un livre, et s'écrie toute joyeuse : « Je sais lire ! »

Son oncle est forcé de constater la merveille. Dès lors, des horizons nouveaux allaient s'ouvrir pour l'enfant qui, placée au pensionnat des Ursulines de Quintin, se distingua non seulement par des succès scolaires, mais surtout par une vertu précoce.

Admise au noviciat à l'âge de dix-sept ans, elle prononça ses vœux en 1828. Ses aptitudes pédagogiques la firent constamment employer près des enfants ; une riche moisson de vocations religieuses, écloses au souffle de ses pieux entretiens, fut le prix de son apostolat.

Enfin, en la choisissant pour succéder à la Mère Sainte-Emilie, Dieu lui permettait de faire valoir les rares talents qu'il lui avait départis pour l'administration.

La Mère Saint-Stanislas remit à sa devancière la

charge de maîtresse du pensionnat qu'elle occupait alors. Celle-ci, avouons-le, eut un sacrifice à faire en se mettant de nouveau en contact direct avec la jeunesse. Dans la vigueur de l'âge et la maturité du jugement, la Mère Sainte-Emilie apportait à ses enfants, avec une âme riche de sève, les fruits les plus excellents ; mais ces petites intelligences étaient-elles à hauteur pour les cueillir, ou l'arbre manquait-il de souplesse pour courber ses branches ? Nous ne saurions le dire ; mais ce que nous pouvons affirmer, c'est que cette sainte ursuline était trop remplie de Dieu pour que ses élèves ne profitassent pas, tôt ou tard, de ses fortes leçons.

Comme nous l'avons vu précédemment, des matériaux avaient été réunis en 1852 en vue de la construction d'une chapelle intérieure et d'un corps de cellules. En 1853, on procédait à la démolition de l'ancien bâtiment, lorsqu'une découverte bien inattendue vint jeter le monastère dans le plus grand étonnement.

A quelques pieds de profondeur on trouva dans le sol, parmi d'autres ossements humains, deux têtes, dont l'une avait encore des cheveux blonds et ses dents au complet. On se perdait en conjectures, lorsque la Mère Sainte-Emilie fit remarquer qu'aux lambeaux des vêtements et aux débris des couronnes qui accompagnaient ces restes, on pouvait se croire en présence d'une sépulture de religieuses. Elle compulsa les archives, mais en vain.

Elle était toujours très préoccupée de cet événement, lorsqu'elle eut à ce sujet des lumières qui pourront paraître extraordinaires, qu'elles soient l'effet d'un songe ou d'une réalité touchant au surnaturel.

Près de la chapelle de Notre-Dame des Sept Douleurs se trouve un ermitage dédié à saint Antoine et à saint Paul solitaires. Notre vénérée Mère cultivait cette nouvelle Thébaïde, où elle aimait à se reposer et à prier.

Un jour, appuyée sur la barrière de ce lieu champêtre, elle aperçoit au loin deux religieuses. Leurs mains sont couvertes de leurs manches et leur voile baissé, selon que les Constitutions le prescrivent pour la mise au tombeau.

Voici des visiteuses qui ne sont pas de ce monde, se dit la Mère Sainte-Emilie, je vais avoir des nouvelles de l'éternité. S'avançant vers elles : « Que je suis heureuse de vous rencontrer !... Mais qui êtes-vous et d'où venez-vous ? » — « Nous sommes vos fondatrices, cherchez notre nom dans le Déal (1)

---

(1) Le Déal est un registre contenant les documents qui concernent la communauté. Ce livre, égaré pendant la Révolution, fut retrouvé providentiellement par la Mère Sainte-Emilie. Pendant son premier supériorat, elle en fit reprendre la rédaction, après avoir recueilli de la bouche des vénérables

et vous l'y trouverez. Vous avez eu une heureuse inspiration de consacrer ce lieu à saint Antoine ; plusieurs personnes y recevront de nombreuses grâces, surtout lorsque vous célébrerez avec nous la fête de l'Assomption dans le ciel. » — « Oh ! je vous en prie, mes bonnes Mères, répartit la Mère Sainte-Émilie, levez vos voiles afin que je puisse voir vos visages. » — « Vous ne le pouvez maintenant, lui fut-il répondu, ce ne sera qu'en paradis que vous les verrez. »

On conçoit l'émotion de la Mère Sainte-Émilie. Que signifiait cette visite ?... Le monastère qui, depuis la Révolution, avait perdu toute trace du sépulcre de ses fondatrices, se trouvait-il en présence de leurs restes vénérés, ou bien l'humble religieuse était-elle le jouet d'une illusion ? Elle rejette cette dernière pensée, et, pleine d'espoir, reprend le Déal, le feuillette avec attention. Peine inutile, la lumière ne se fait pas, il faut abandonner cette affaire aux soins de la divine Providence.

Un soir, revenant de visiter les élèves dans leurs dortoirs, Mère Sainte-Émilie rentre très fatiguée

anciennes les détails de leur captivité et de leurs longues souffrances. Renouant ainsi le passé au présent, la Révérende Mère léguait à ses filles le souvenir des beaux exemples de vertus de leurs devancières ; elle gravait surtout dans leurs cœurs le souvenir des bontés de Dieu : car, écrire l'histoire d'un monastère, c'est écrire les merveilles que la Providence opère pour ses épouses, dans sa cellule ; elle s'assied sur son prie-Dieu et se prend à songer à l'inutilité de ses recherches. Au même instant, on frappe à la porte ; deux religieuses entrent et lui adressent la parole : « Vous avez été dans un grand embarras depuis notre visite ? » — « Oui, mes bonnes Mères, je n'ai pu rien découvrir !... » — « Eh bien ! cherchez au chapitre des décès, feuillet 269, vous trouverez qui nous sommes. » — « Pourquoi, mes Révérendes Mères, vous adressez-vous à moi plutôt qu'à notre Mère Supérieure, dépositaire de l'autorité ? » — « Dieu fait ce qu'il juge bon ; il vous a choisie, parce que c'est vous qui avez fait le plus de bien à cette maison (1). » Et elles disparurent à nouveau.

Dès le lendemain, l'heureuse Mère reprend le Déal, cherche à la page indiquée et trouve les détails ci-dessous.

« Le 19 octobre 1719, le Seigneur affligea cette
« communauté par la mort de sa digne supérieure,
« ma Révérende Mère Marie-de-l'Incarnation,
« Marie-Jacquette du Louët, fille de François du
« Louët et de dame Jeanne Chaillon, sieur et dame
« de Kermellec, décédée ledit jour, âgée de 69 ans,

---

(1) La modestie de la Mère Sainte-Emilie lui a fait celer ces dernières paroles pendant 30 ans ; elle ne les a confiées à sa supérieure que sur la promesse formelle que le secret en serait gardé jusqu'à sa mort.

« dont elle en a passé cinquante et un dans la
« sainte religion.

« Elle était professe de notre maison de Tréguier,
« où elle avait fait ses vœux le 12 décembre 1670,
« et où sa mémoire sera en perpétuelle vénération
« aussi bien qu'en celle-ci dont elle a été la
« seconde supérieure.

« Sa vie a été sainte, édifiante et régulière ;
« malgré sa modestie, on voyait éclater en elle un
« mérite et une vertu peu commune. Elle a excellé
« dans la pratique de l'humilité, de l'obéissance et
« de la charité la plus parfaite. Pleine de soumis-
« sion en la volonté divine et de confiance en la
« Providence, elle l'invoquait fervemment chaque
« jour. La divine Eucharistie était son asile, sa
« consolation et les délices de son cœur. Sa dévo-
« tion était aussi constante que solide, elle ne la
« faisait pas consister en de petites minuties, mais
« en fidélité aux devoirs de notre profession.

« Tant de saintes dispositions, qui la rendaient
« chère à nos communautés et la faisaient estimer
« de Nosseigneurs les évêques, l'accompagnèrent
« partout, à la maison de Tréguier, à celle de
« Guingamp, enfin à notre communauté naissante
« où elle fut canoniquement élue supérieure, le
« onzième d'octobre 1713.

« La maladie qui nous a enlevé cette digne Mère
« a été une fièvre continue avec des redoublements.

« Sentant ses douleurs augmenter, elle priait sans
« cesse et disait : « Mon Dieu, ayez pitié de moi
« et assistez-moi. » Elevant quelquefois les yeux
« au ciel et regardant amoureusement le crucifix,
« elle répétait d'un air touché : « O mon Dieu,
« ô mon tout ! ô mon Sauveur ! je souffre, mais
« que n'avez-vous pas souffert pour moi en croix.
« Je souffre, mon divin Sauveur, et je fais souffrir
« les autres ; si c'est votre volonté que je m'en
« aille bientôt avec vous, recevez-moi !... »

« Tout à coup, vers minuit, la fièvre cessa, elle
« parut plus mal, on assembla la communauté,
« on envoya chercher M. le Doyen qui, peu de
« jours auparavant, l'avait communiée en viatique,
« et Monsieur notre confesseur, mais ils arrivèrent
« trop tard pour lui administrer le dernier sacre-
« ment. Elle expira doucement en prononçant les
« paroles qu'elle répétait à la fin de chaque obser-
« vance : *Jesu, Maria, Joseph, Joachim et Anna,*
« *succurrite nobis, nunc et in hora mortis nostræ.*
« *Amen.*

« Son attachement pour les chères filles qu'elle
« a reçues dans cette petite communauté lui fit
« demander que ses cendres reposassent parmi elles,
« et d'être enterrée dans leur enclos, au pied d'une
« croix qu'elle y avait fait planter, et posée de sa
« main deux ans avant avec des sentiments de piété
« qui enlevaient et tiraient des larmes des yeux,

« disant dès lors que ce serait là le lieu de sa sépul-
« ture, comme il l'est en effet ; et l'endroit où
« l'on se propose de bâtir une église et un chœur
« pour les religieuses. »

Ces lignes surtout furent un trait de lumière
pour la Mère Sainte-Emilie, puisque c'était précisément en démolissant le chœur bâti dans la première partie du XVIIIe siècle qu'on retrouvait les
ossements des deux premières mères.

A la suite des documents qui précèdent, la Mère
Sainte-Emilie lut ce qui suit :

« Un autre sujet d'affliction bien sensible pour
« cette communauté, après la perte de sa digne
« supérieure, est celle qu'elle fit, le lendemain
« de son décès, d'une de ses jeunes religieuses.
« Elle se nommait Antoinette Nicolas de la Cour
« Neuve, dite Marie-Joseph, âgée de vingt-sept ans,
« dont elle en a passé quatre et demi dans la
« sainte religion. Elle y était un sujet de grande
« espérance et promettait beaucoup par sa piété,
« régularité, ferveur et par les capacités et beaux
« talents dont le Seigneur l'avait bien partagée, en
« particulier pour l'instruction de la jeunesse, où
« elle était actuellement occupée ; elle y réussissait
« très bien, ayant une belle mémoire et une grâce
« particulière à bien parler de Dieu ; de plus,
« beaucoup de zèle et d'inclination pour cette
« sainte occupation ; elle en avait également pour

« tout ce qui était de son devoir. Depuis ces der-
« niers mois, il paraissait en elle une augmentation
« de ferveur en l'amour de Dieu. Elle était, à
« l'approche des sacrements et à l'oraison, pénétrée
« de sentiments de foi, de religion et de componc-
« tion qui touchaient et édifiaient. Le dernier jour
« de sa vie, lorsqu'elle reçut les sacrements des
« mourants dans les plus saintes dispositions, elle
« répondait avec une ardeur singulière aux oraisons
« jaculatoires qu'on lui suggérait. Sa piété la porta
« à se vouloir jeter hors du lit pour se prosterner
« en terre devant Jésus-Christ, quand elle fut prête
« à communier en viatique, ce qu'elle eût fait si
« nous ne l'avions arrêtée ; et elle nous tira les
« larmes des yeux lorsqu'au moment d'expirer, d'un
« air pénétré et humilié, elle demanda à sa Mère-
« maîtresse si elle croyait que Dieu lui eût par-
« donné ses péchés, ce que lui ayant été assuré, elle
« dit : « Recevez-moi, mon Dieu, entre vos bras. »
« Un moment après on vit couler de grosses larmes,
« elle expira dans le regret d'avoir offensé Dieu.

. . . .

« Elle fut inhumée proche le tombeau de la
« Révérende Mère Marie-de-l'Incarnation du Louët,
« à laquelle cette jeune religieuse ne put survivre
« qu'un jour, après avoir mêlé ses larmes aux
« nôtres sur une perte si considérable, qu'elle res-
« sentit plus vivement que personne. »

Nul doute n'était plus possible. Près de Mère Marie-de-l'Incarnation avait été déposée Mère Marie-Joseph, et leur sépulture, d'abord ombragée par une croix, avait été, dans la suite, enclavée dans ce même chœur qu'on venait de démolir.

Mère Saint-Stanislas partagea la joie de Mère Sainte-Émilie, et, si la communauté ne connut pas alors toutes les circonstances de cet événement, elle comprit cependant qu'elle devait de grandes actions de grâces au Seigneur pour une telle découverte.

Les ossements, recueillis avec respect, furent déposés dans une châsse, avec une inscription sur parchemin, indiquant la manière dont, cent trente-quatre ans après leur mort, on avait retrouvé les deux fondatrices. Ce fut un jour inoubliable pour Mère Sainte-Émilie que celui où, à la suite d'un service solennel, elle descendit elle-même ces restes précieux dans le caveau préparé pour les recevoir.

Ce caveau est placé à quelques mètres de l'ancienne sépulture, près de la table eucharistique, afin qu'au triple prosternement de l'entrée au noviciat, de la vêture et de la profession, l'on se souvienne de demander à Dieu l'esprit de l'Institut, que possédaient les vénérables Mères.

Un ecclésiastique haut placé, ayant entendu parler de tout ce qui précède, voulut faire une enquête et saisir l'autorité diocésaine de ce fait ;

mais la Mère Sainte-Emilie se renferma dans le plus rigoureux silence jusqu'à la mort de ce saint prêtre.

Peu à peu l'émotion causée par les événements que nous venons de relater se calma.

On ne songeait même pas assez à se prévaloir du crédit de ces bienheureuses Mères auprès de Dieu, quand, au mois d'août 1877, des Sœurs converses firent en commun une neuvaine à la Vénérable Marie-de-l'Incarnation, ursuline de Québec. Elles la priaient avec ferveur, lorsque l'une d'elles crut voir dans son sommeil Mère Marie-de-l'Incarnation du Louët et Mère Marie-Joseph, qui lui adressaient ces paroles : « Nous « sommes au milieu de vous, disposées à faire « agréer vos demandes, et personne ne songe à « nous. » La bonne Sœur reçut cette invitation comme une pensée du ciel ; elle s'adressa donc aux saintes fondatrices, et ses prières furent pleinement exaucées.

Une autre religieuse demandait avec instance le succès d'une affaire importante : il s'agissait d'une vocation entravée. Priant sur le tombeau vénéré, elle entendit intérieurement ce mot : « Demain ! demain ! » En effet, le jour suivant, le courrier apportait la solution si ardemment souhaitée.

Depuis ce temps, la confiance dans le crédit de la Mère Marie-de-l'Incarnation et de la Mère Marie-

Joseph n'a pas cessé d'être justifiée par les nombreuses grâces dues à leur entremise. Cependant nous ne voudrions pas porter, sur l'efficacité de l'intercession des vénérées défuntes auprès de Dieu, un jugement réservé à l'Église ; de même que nous n'avons pas la prétention de juger du caractère surnaturel des faits que nous avons eu simplement l'intention de raconter. Mais tout cet épisode était trop lié à la biographie que nous écrivons, pour qu'il fût possible de le passer sous silence.

D'ailleurs, plus d'un rapprochement ressort de notre récit. La Mère Sainte-Émilie avait franchi le seuil de notre monastère au jour anniversaire du bienheureux trépas des deux fondatrices. Elle avait restauré ce que celles-ci avaient édifié, et cette restauration ne lui avait-elle pas coûté autant de peines et d'inquiétudes que la fondation primitive aux fondatrices elles-mêmes ? N'était-ce pas le ciel qui encourageait ses efforts par ces paroles : « C'est vous qui avez fait le plus de bien ici. »

Oui, la Mère Sainte-Émilie crut à un encouragement d'en haut, et, remerciant Dieu pour le passé, elle se confia pleinement en lui pour l'avenir.

Après avoir dirigé le pensionnat pendant deux ans et demi, elle était redevenue maîtresse des novices (août 1855). C'est alors qu'elle se sentit portée à entreprendre une réforme, projetée depuis longtemps, par rapport aux Sœurs converses.

Servantes infatigables et surchargées de travaux, ces dernières ne remplissaient qu'à grand'peine leurs exercices spirituels. L'esprit religieux en souffrait notablement. Mais était-il opportun de rien tenter près des anciennes Sœurs ? N'était-il pas à craindre que, trop attachées à leur propre jugement et accoutumées à une vie relativement indépendante, elles ne rendissent inutiles tous les efforts ?

La Révérende Mère Saint-Stanislas s'étant rapportée du soin de cette affaire à la Mère Sainte-Emilie, celle-ci en conféra avec son conseiller ordinaire, Jésus au Saint Sacrement de l'autel. Elle comprit alors qu'elle devait former une nouvelle génération de Sœurs converses.

Le décès de plusieurs des anciennes permit bientôt à Mère Sainte-Emilie de commencer son œuvre. Elle pensa de plus qu'une Bretonne, ignorant le français, échapperait plus facilement à toute influence autre que la sienne, et servirait par là même à l'accomplissement de ses desseins.

Une novice, native de la Cornouaille, fit à cet effet des démarches ; quelques semaines plus tard, une vigoureuse villageoise arrivait au noviciat, sans connaître les premiers rudiments de notre langue. Cependant son éducation religieuse se fit sans trop de difficultés ; sa compatriote lui servait d'interprète et n'adoucissait pas peu les petits chagrins du début.

D'autres pieuses filles se joignirent à Sœur Saint-Pierre et profitèrent aussi des salutaires leçons de la Mère Sainte-Émilie. Mais quels furent les moyens dont se servit la sage maîtresse pour en faire des coadjutrices selon le cœur de Dieu ?

Elle grava tout d'abord au fond de leurs âmes, ces paroles de Saint Augustin : « *Avant toutes choses, mes très chères sœurs, aimez Dieu et puis votre prochain, car ces deux commandements nous ont été donnés principalement.* » Et, avec ces deux amours au cœur, elle les attacha fortement aux devoirs de leur saint état. L'esprit des vœux et des règles était le fond de ses directions. Elle veillait avec un soin extrême à ce qu'aucune des Sœurs converses ne négligeât l'exercice de l'oraison et la récitation du rosaire. Si, parfois, le service des malades ou des enfants privait ces bonnes filles de la sainte messe, la Mère Sainte-Émilie leur suggérait mille industries pour s'acquitter envers Dieu du devoir de l'adoration et de l'action de grâces. Enfin elle voulait que, dans toutes leurs occupations extérieures, les Sœurs se tinssent sous le regard de Dieu, leur rappelant ce texte de nos saints Livres : « *Marche en ma présence, et tu seras parfait.* »

Elles ne permit jamais que les converses fussent surmenées dans leurs travaux, de crainte que la vie intérieure n'en souffrit. Cette vie intérieure était alimentée, après la profession, par la plus grande partie des exercices de communauté, auxquels les Sœurs prenaient part comme les religieuses de chœur. Au reste, rien dans les usages et coutumes, si on en excepte de minimes détails, ne distinguait les unes des autres. Cependant, pour le bien commun, les Sœurs converses prenaient leurs récréations en compagnie d'une mère spécialement chargée de leurs intérêts spirituels et temporels.

Tels furent les principes généraux sur lesquels la Mère Sainte-Emilie basa la formation des Sœurs laies. Elle réussit pleinement dans la réforme entreprise, et se vit souvent envier ces humbles Sœurs, si bien pénétrées de l'esprit religieux et propres à toutes sortes de travaux.

Pendant que ces choses se passaient, le ciel donnait au monastère de nouvelles arrhes de prospérité : le pensionnat augmentait. Mais le personnel enseignant ne suffit plus à faire face aux travaux scolaires et aux offices de la maison. La Mère Sainte-Emilie proposa alors de recevoir, en qualité de Sœurs auxiliaires, des jeunes filles dont la principale fonction serait d'entretenir la lingerie et le vestiaire, tant des religieuses que des élèves. Cette innovation donnait aussi à un ouvroir nouvellement fondé des sous-maîtresses habiles, aptes à faire le bien aux jeunes filles de la classe ouvrière, que la Mère Saint-François de Sales avait réunies depuis quelques années. Le but de cette création avait été la préservation des élèves externes, à leur sortie des classes. Ces chères enfants se trouvaient ainsi à l'abri de la contagion du monde et recevaient, pendant les années les plus décisives de leur existence, l'appui moral dont elles avaient besoin. L'apprentissage terminé, la Mère Sainte-Emilie les plaçait dans de bonnes familles, où non seulement elles édifiaient, mais où elles remplirent bien souvent une sorte d'apostolat très méritoire et très fécond.

Notre bonne Mère recueillait les fruits de ses œuvres de zèle, lorsque le ciel lui rappela que la vie de l'homme sur la terre n'est qu'une suite de vicissitudes. Au mois de juin 1858, Monseigneur Le Mée, qui avait été pendant trente ans son supérieur immédiat, rendait sa belle âme à Dieu. Nulle au monastère n'avait, mieux qu'elle, profité de sa direction ; nulle aussi ne le regretta plus vivement.

Au moment de la mort du vénérable prélat (31 juillet), on raconte que plusieurs personnes aperçurent un globe de feu au-dessus du palais épiscopal de Saint-Brieuc. Elles se demandaient la cause de ce phénomène, lorsque le glas funèbre apprit à la ville que le diocèse n'avait plus d'évêque.

La Mère Sainte-Emilie connut le prodige et, avec la naïveté de sa foi, rentrant un soir dans sa cellule, elle dit à Dieu : « Nous sommes, plus que bien d'autres, les enfants de Sa Grandeur ; pourquoi donc, mon bon Jésus, ne voyons-nous pas le beau feu qui a surpris tant de Briochins ? »

A l'instant même un globe lumineux s'élève dans l'air et vient frapper ses regards. La joie de la bonne Mère fut extrême et son cœur, aussi reconnaissant que simple, remercia le ciel d'avoir acquiescé si promptement à son désir.

Elle eût passé la chose sous silence, si la Mère économe, qui faisait à l'heure même la ronde du soir, n'en avait été témoin, elle aussi. Le lendemain, à la récréation, Mère Sainte-Thérèse raconta sa vision. La Mère Sainte-Emilie avoua ingénument la prière qu'elle avait faite et ajouta : « Monseigneur est un saint ! »

Les supplications de la servante de Dieu s'élevaient ferventes vers le ciel, pour obtenir un digne successeur de Monseigneur Le Mée, quand, au mois de novembre suivant, M. l'abbé Guillaume-Elisée Martial, vicaire général de Bordeaux, fut élu évêque de Saint-Brieuc.

La première visite du Pontife, 19 février 1859, laissa au monastère une impression pénible. Subissant l'influence de rapports inexacts, il modifia, sans aucun ménagement, des usages presque séculaires, et imposa la construction d'un nouveau pensionnat, l'ancien ne répondant plus, lui semblait-il, aux exigences de l'époque.

La Mère Saint-Stanislas ne sut pas assez dissimuler ce que ces mesures avaient de blessant et d'onéreux : « A peine sortie d'un état de gêne, se disait-elle, faut-il donc que la communauté s'y rejette et compromette l'avenir ? » On temporisa : ce que l'Evêque ne put admettre. Lorsque, au mois de mars suivant, la digne Supérieure invita Monseigneur Martial à présider l'élection, un silence significatif fut la seule réponse qu'on en reçut, et la Mère Saint-Stanislas continua de porter anxieuse le fardeau qu'elle avait hâte de déposer.

En présence d'un tel état de choses, on lui insinua de faire la demande d'un délégué. Sa Grandeur ne pouvait s'y refuser, et, le 30 mai 1859, M. le chanoine Urvoy confirma le choix que la communauté fit pour la troisième fois, de la Mère Sainte-Emilie comme Supérieure.

CHAPITRE VI

La Mère Sainte-Emilie supérieure pour la troisième fois, de 1859 à 1865. — Constructions. — Mort de Mgr Martial et de M. l'abbé Le Sage. — Préconisation de Mgr David. — Demande de religieuses pour le monastère de Breslau, Prusse. — Mère Cœur-de-Marie supérieure, de 1865 à 1868. — Quatrième supériorat de Mère Sainte-Emilie, de 1868 à 1874. — Affaire A***. — Voyage insolite à Saint-Brieuc. — Guerre de 1870. — Nouvelle construction. — Mme la marquise de Robien.

A peine élue, la nouvelle Supérieure s'efforça d'effacer les impressions fâcheuses produites sur l'esprit de Monseigneur Martial. A cet effet, elle consulta le secrétaire général de l'Evêché qui lui portait un vif intérêt. « Monseigneur possède toutes « les qualités du cœur, répondit M. l'abbé Limon ; « mais, fort de l'autorité qu'il tient de Dieu, il « aime à trouver une soumission entière à ses « désirs. »

Bien que la Mère Sainte-Emilie comprît ce que la réalisation des projets de son Evêque devait lui apporter de peines et de soucis, elle n'envisagea

3*

que la volonté divine dans celle de son Supérieur. Faisant taire la sagesse humaine et s'abandonnant à la Providence, elle résolut d'obéir sans plus tarder.

Bientôt les plans d'un nouveau pensionnat furent dressés, les ouvriers se mirent à l'œuvre et les fondations sortirent de terre.

Mais il ne faudrait pas croire que, par le seul fait de cet acte d'obéissance, tout marchât comme par miracle. Que de fois le soir, munie d'une lanterne, la bonne Mère visita le travail de la journée, en versant d'abondantes larmes !... Comment solder le salaire des gens qu'elle employait ? « Mon Dieu, disait-elle alors, vous savez que c'est par obéissance que nous élevons cet édifice, vous ne pouvez manquer de nous secourir. Toutefois, si vous ne devez pas être glorifié en ce lieu, ne permettez pas que cette construction s'achève. »

Revenu de sa première impression, Monseigneur Martial ne tarda pas à reconnaître qu'il avait engagé la communauté dans une entreprise bien hardie. Il s'en excusa avec une grande simplicité. Mais les travaux commencés n'en devaient pas moins se poursuivre ; et la Mère Sainte-Émilie, qui sentait bien l'impuissance des seuls moyens humains, mit toute sa confiance en saint Joseph, le choisissant pour protecteur spécial. Ce ne fut pas en vain.

Le 19 mars 1860, la vénérée Mère se disposait

à déplacer un prêt de six mille francs, pour le paiement de matériaux, quand elle apprit que son débiteur était insolvable.

Le bon saint Joseph reçut quelques reproches respectueux et s'entendit rappeler la promesse d'apporter une plus grande solennité à la célébration de sa fête, si les projets conçus réussissaient pleinement.

Le jour même, dans l'après-midi, une des amies de la Mère Supérieure vint la voir et remarqua sa tristesse. Elle sut bien vite y 'porter remède. La charitable visiteuse proposa de prêter, sans intérêt, la somme de six mille francs, ne voulant pas même en recevoir quittance. Elle stipula de plus que si la Mère Sainte-Emilie lui survivait sans avoir pu opérer le remboursement, le capital resterait acquis à la communauté.

Depuis que les Ursulines de Quintin avaient acquiescé avec tant de générosité au désir de Monseigneur Martial, celui-ci s'était montré pour elles le père le plus dévoué ; il se plaisait à venir surprendre aimablement ses filles, au risque même de les déconcerter un peu.

C'est ainsi qu'il se présenta un soir, à huit heures et demie, à la porte de la clôture. Aussitôt, éperdue, sans prendre le temps d'introduire le Prélat au parloir, la bonne Sœur tourière de s'écrier : « Je vais chercher notre Mère. » Celle-ci arrive en toute hâte et trouve son Evêque qui l'attendait patiemment. Elle se confond en excuses. « Où sont vos religieuses, ma fille ? » dit-il en souriant. — « A la chapelle, Monseigneur, c'est l'heure de la prière. » — « Allons-y. » La communauté faisait l'examen de conscience. Monseigneur Martial s'agenouille sur le prie-Dieu de la maîtresse du pensionnat et se retire satisfait.

Un autre soir, passant par Quintin, l'Evêque dit à son vicaire général : « Si nous allions voir nos religieuses ? » Puis, regardant sa montre, il ajouta : « Non, il est trop tard, nous mettrions le trouble » et il continua sa route.

Combien ses chères filles regrettèrent la privation de cette dernière visite lorsque, quelques jours après, le 28 décembre 1861, sans avoir appris la maladie du saint Pontife, elles reçurent la nouvelle de sa mort !

Il n'avait fait que passer sur le siège épiscopal de Saint-Brieuc et Tréguier ; mais, malgré la vivacité un peu méridionale de son caractère, il s'était concilié l'affection et l'estime de tous. La Mère Sainte-Emilie croyait que les souffrances de Pie IX avaient contribué à la mort prématurée de cet évêque, dont l'âme apostolique était toute de feu pour l'exaltation de l'Eglise romaine.

Vers la même époque, la communauté fut vivement affligée par la mort de M. l'abbé Le Sage qui, durant dix-neuf ans, l'avait dirigée avec une sagesse remarquable. Dans les travaux que la restauratrice avait entrepris pour relever des ruines de toutes sortes, le bon aumônier n'avait cessé un seul instant de la soutenir de ses conseils et de partager ses sollicitudes accablantes.

Depuis quelques mois déjà, le vénérable ecclésiastique avait dû céder aux infirmités qui le minaient, et quitter le ministère, sans se désintéresser complètement de la conduite de ses filles. Il avait été remplacé par M. l'abbé Le Fèvre, qui ne dissimula pas tout d'abord ses préventions contre les fonctions d'aumônier. Mais, si les débuts manquèrent d'abandon, on apprit peu à peu, de part et d'autre, à se mieux connaître, et la Mère Sainte-Emilie bénit le ciel de lui avoir donné un prêtre éclairé, rempli de zèle pour la gloire de Dieu.

Cependant l'église de Saint-Brieuc pleurait son veuvage depuis de longs mois lorsque, en avril 1862, on apprit la préconisation de Monseigneur Augustin David.

Le 19 juin 1863, le nouvel Evêque honorait le monastère de sa première visite, à l'occasion de la bénédiction du nouveau pensionnat.

L'œuvre accomplie par obéissance était achevée ; la Mère Sainte-Emilie s'en réjouissait. Elle avait séparé, ainsi que le veut la bulle du Pape Paul V, le corps de logis des élèves, des bâtiments réservés aux religieuses ; ce lui était aussi un sujet de consolation.

D'autres travaux, conséquence des premiers, avaient été exécutés simultanément : la construction d'un cloître, de cuisines en sous-sol, d'un réfectoire pour la communauté. L'ancien pensionnat avait été transformé en cellules, infirmeries, parloirs, salle capitulaire. Aussi, on le conçoit, de grandes dettes pesaient sur le monastère. Néanmoins une sage économie et les dons généreux de personnes amies permirent, avant trois ans, de couvrir toutes les dépenses.

De son côté, Monseigneur David devint l'appui de la vénérée Supérieure et voua à sa communauté une bienveillance toute paternelle. Racontons ici comment il intervint dans une affaire, dès les premières années de son épiscopat.

En 1863, la Mère Sainte-Ursule, supérieure des Ursulines de Breslau, appuyée par Monseigneur Foxter, prince-évêque de cette ville, voulait établir un couvent de son Ordre à Ratibor, ville de la Haute-Silésie. C'était la quatrième fondation de cette infatigable Ursuline. Déjà trois religieuses de chœur et une Sœur converse étaient choisies pour le nouvel établissement ; mais on sentait le besoin de combler tant de vides successifs, et peut-être aussi manquait-on de l'élément français.

La Mère Sainte-Ursule ne crut pouvoir mieux

faire que de s'adresser à la Mère Sainte-Emilie pour en obtenir deux sujets. La demande était instante. Les meilleures raisons étaient mises en avant par la zélée supérieure : la communauté de Breslau était, comme celle de Quintin, de la congrégation de Bordeaux. La moisson était immense : soixante-cinq pensionnaires, cent trente externes, sept cent trente écolières, deux cent quatre-vingt-trois enfants à la salle d'asile, sans compter les deux cents filles qu'il fallait refuser chaque année, faute de logement. Non seulement on voudrait fonder un monastère à Ratibor, mais on désirerait pouvoir doter Breslau d'un second établissement religieux. Enfin Mère Sainte-Ursule décrivait les charmes de sa communauté, située sur les bords de l'Oder, et où les sœurs bretonnes retrouveraient presque tous les usages de leur maison de profession, pendant que l'amour de Mères et de Sœurs dévouées leur adoucirait les douleurs de l'exil.

Toutes ces considérations étaient bien propres à exciter le zèle apostolique des Ursulines de Quintin ; Mère Cœur-de-Marie et Mère Saint-François de Sales se proposèrent pour cette mission. Cependant la Mère Sainte-Emilie ne pouvait prendre aucun parti sans en avoir conféré avec Monseigneur David. Celui-ci accueillit assez froidement le projet d'émigration, y faisant voir des inconvénients sérieux. Les Ursulines d'Outre-Rhin essuyèrent donc un refus.

Sans se laisser déconcerter par ce premier échec, elles écrivirent un grand nombre de lettres pour encourager la Mère Supérieure et exciter le dévouement de ses filles.

La Mère Hildegarde de la Croix, supérieure de Berlin, âme vaillante, dont tout l'Ordre de Sainte-Ursule a gardé la mémoire, se fit l'avocate de cette cause.

Elle rappela, en des termes touchants, les démarches qu'elle-même avait faites pour obtenir des sujets français ; et comment, à la suite d'un voyage en France, elle avait emmené deux religieuses du monastère de Clermont. Elle exaltait la solide vertu de ces ferventes missionnaires, contentes au milieu des privations inséparables d'une fondation.

A chacune des lettres qui lui venaient d'Allemagne, la Mère Sainte-Emilie répondait avec l'affection la plus fraternelle, et tenait Monseigneur David au courant de ce qui se passait.

« Sa Grandeur, écrit-elle, a plus de lumière et de sagesse que moi assurément, et je n'obtiens d'Elle que cette réponse : « L'affaire de Prusse m'inspire de plus en plus de l'éloignement. » Vous comprenez, ma Révérende Mère, ajoute la Mère Sainte-Emilie, la difficulté de ma position. »

Des lettres furent aussi échangées entre Monseigneur Foxter et Monseigneur David, mais rien ne put changer la décision de l'Evêque de Saint-Brieuc.

La Mère Sainte-Émilie se retranchait à mesure derrière l'obéissance, et laissait Monseigneur David endosser toute la responsabilité de l'affaire. Au reste, ce rôle convenait bien à son esprit positif, naturellement éloigné des entreprises tant soit peu hasardées.

M. l'abbé Le Fèvre, au contraire, très favorable au projet, était tout disposé à accompagner jusqu'à leur destination Mère Cœur-de-Marie et Mère Saint-François-de-Sales. Il s'efforça, dans un voyage à Saint-Brieuc, de changer les dispositions de son Evêque : tout fut inutile. Celui-ci répondait : « Les Bretonnes ne se transplantent pas. » Ces paroles peuvent surprendre, si l'on songe que chaque jour, du château comme de la chaumière bretonne, des jeunes filles s'élancent joyeuses pour combattre à côté du missionnaire, dans les îles lointaines de l'Océanie ou dans les savanes de l'Amérique. Dans les mêmes temps, le grand évêque d'Alger, Monseigneur Lavigerie, voulant évangéliser la femme musulmane par la femme chrétienne, fit appel à la Bretagne, la terre des mâles dévouements. Il avait demandé quatre postulantes généreuses, prêtes à tout, capables d'être les quatre pierres angulaires de la Congrégation. M. Le Maulf, son mandataire, lui en ramena huit.

Nous nous sommes appesanties quelque peu sur

ces considérations, parce qu'il était de notre devoir de faire ressortir l'attitude de la communauté de Quintin. Au commencement du siècle elle avait fourni des sujets pour le relèvement de plusieurs monastères, et n'avait pas dégénéré dans l'esprit de dévouement. Si elle n'accéda pas à la demande souvent réitérée de ses sœurs de Prusse, c'est qu'elle voulut avant tout obéir à son Evêque.

« Il n'y a rien, écrit Bossuet, de plus inconnu aux hommes que les conduites particulières de Dieu sur les âmes, c'est un secret qu'il s'est réservé. » En effet, pendant que la Mère Cœur-de-Marie s'offrait à seconder les Ursulines de Breslau, le Seigneur jetait les yeux sur elle pour succéder à la Mère Sainte-Emilie.

Elle était digne à tous égards du choix de la communauté qui, au mois d'avril 1865, la nommait supérieure.

C'était une âme pleine de droiture et de zèle, un esprit supérieur qui devait rendre à sa communauté des services incontestables.

Depuis longtemps déjà, elle était l'instigatrice et l'instrument des réformes entreprises pour élever les études au niveau des exigences de l'époque.

A partir de son supériorat, une impulsion plus forte encore fut donnée aux travaux intellectuels, pendant que sa fermeté maintenait la discipline religieuse dans toute sa vigueur.

Douée d'une grande sûreté de jugement, la Mère Cœur-de-Marie avait embrassé d'un coup d'œil la situation qui lui était faite : elle remplissait un intérim. Elle se traça un programme tout de soumission filiale envers sa vénérable devancière, dont elle suivit fidèlement les conseils. L'entente fut si parfaite que M. le chanoine Urvoy, confesseur extraordinaire de la communauté, avait coutume de saluer les deux mères en disant : « Voici l'ancien et le nouveau testament. »

Trois ans s'écoulèrent ainsi, durant lesquels la Mère Sainte-Emilie fut spécialement chargée des jeunes professes. Les élections de 1868 la placèrent de nouveau à la tête du monastère.

Une épreuve inattendue devait signaler son septième triennat. Comme cette affaire fit assez de bruit, nous ne pouvons la passer sous silence.

Depuis quelques mois, une jeune Strasbourgeoise, Mademoiselle Léonie A***, était au noviciat, lorsque son frère, M. Léonard A***, vint la voir. Il apportait un piano de la fabrique de son père, et demandait à l'accorder sur place, avec le concours de son ouvrier dont l'aide lui était indispensable, disait-il.

Quel ne fut pas l'étonnement de la jeune Sœur, lorsqu'elle reconnut, dans le soi-disant ouvrier, un jeune homme dont elle avait refusé la main au pays natal !

Le dessein de ces messieurs était d'arracher au cloître Mademoiselle Léonie et de la ramener à la maison paternelle. Mais rien ne put ébranler la détermination de la jeune fille qui, dans une maladie, avait fait vœu d'entrer en religion.

Furieux de leur insuccès, les deux Alsaciens se promirent de tenter un dernier effort.

La Mère Sainte-Emilie, qui le prévoyait, envoya un exprès à Monseigneur David pour lui demander la conduite à tenir. La réponse fut de laisser ces messieurs entrer dans la clôture et de leur permettre de s'entretenir seuls avec la postulante, tout en surveillant de loin leur entrevue.

Les choses se passèrent ainsi ; mais, lorsque les jeunes gens se furent retirés, Sœur Saint-Jean-Berchmans fit déclarer à l'ami de son frère qu'elle ne voulait plus le revoir. Celui-ci exhala son ressentiment en plaintes et en menaces : ce furent ses adieux.

M. Léonard rentra seul dans l'après-midi, prétextant que son travail n'était pas achevé. Le soir, il quitta sa sœur, plein de regrets, mais cependant assez calme.

Arrivé à l'hôtel, où il retrouva son compagnon, il écrivit une lettre dans laquelle il annonçait son départ, ajoutant que la communauté aurait bientôt de ses nouvelles. On se croyait néanmoins débarrassé de sa présence, lorsque, à la surprise générale, après trois jours, on annonce M. Léonard. Il demandait à voir sa sœur dans l'intérieur du couvent, ne serait-ce que pour cinq minutes. La Supérieure s'y refusa. Le jeune homme fut si outré, que M. l'abbé Le Fèvre crut interpréter l'intention de Monseigneur David en lui donnant toute satisfaction.

Le frère et la sœur passèrent quelques instants ensemble et, revenus au tour, ils s'embrassèrent affectueusement ; mais au moment où la porte s'ouvrit, Monsieur A*** saisit sa sœur pour l'entraîner, tandis qu'à quelques pas de là l'étranger se tenait dans une voiture prête à la recevoir.

Quand Sœur Saint-Jean-Berchmans sentit cette étreinte violente, elle poussa un cri perçant et fit un tel effort que, se dégageant, elle courut s'enfermer dans un appartement voisin. Son frère la poursuivit un revolver à la main, disant qu'il allait se suicider, afin de mourir près d'elle. Un domestique ramena de force à la porterie le malheureux exalté que la Mère Sainte-Emilie pria de sortir ; il lui répondit que, dans deux minutes, elle allait le voir mort à ses pieds. M. Léonard tourna son arme vers elle, mais il ajouta : « Madame, ne craignez rien, je n'en veux qu'à moi. »

Puis se ravisant, il demande l'aumônier qui se rend à une porte peu fréquentée. M. l'abbé Le Fèvre reste sur le seuil et tend la main au jeune homme qui, en répondant à cette prévenance, fit un pas en avant. Sans le savoir, il se trouvait sur la voie publique.

Pendant cette scène, on avait informé les autorités civiles qui se rendirent au monastère, accompagnées de quelques gendarmes. L'émoi fut grand pour la petite ville de Quintin, et le peuple, croyant le couvent menacé d'incendie, circula longtemps autour de ses murs.

Les deux Alsaciens comprirent que leur départ s'imposait : ils partirent pour Saint-Brieuc, porter leurs plaintes au procureur impérial, qui les transmit à Monseigneur David. « Ah ! répondit Sa Grandeur, ils se plaignent de nous, ces messieurs ! Avec plus de raison, nous nous plaindrons de leur conduite. »

Il fut convenu que le différend serait traité dans une des salles de l'évêché.

On conçoit la douleur de la Mère Sainte-Emilie quand, le lendemain, à dix heures du soir, M. le Secrétaire général vint lui intimer l'ordre de se rendre au palais épiscopal et de partir dès l'aube du jour suivant. Elle ne put dissimuler le profond chagrin que lui causait une pareille injonction ; mais il fallait obéir et quitter la communauté, au premier jour de la retraite annuelle, pour assister à des débats dont l'issue était incertaine.

Accompagnée de M. le Secrétaire, de M. l'abbé Le Fèvre, de Mère Saint-François-de-Sales et de sa vénérée Supérieure, Sœur Saint-Jean-Berchmans prit place dans la voiture qui devait la conduire à Saint-Brieuc.

De pénibles sentiments agitaient tous les cœurs, aussi voulut-on confier le succès du voyage à sainte Anne, l'illustre patronne des Bretons, en la visitant au passage, dans la chapelle du Houlin qui lui est consacrée.

Les voyageuses reçurent l'accueil le plus sympathique à l'évêché, dont l'entrée ce jour-là était interdite à qui que ce fût, en dehors des intéressés à la séance judiciaire.

L'audience eut lieu à une heure de l'après-midi. On écouta la lecture des accusations portées par M. Léonard, puis le Procureur impérial s'assura des dispositions de la postulante. Elle répondit à toutes les questions avec un sang-froid remarquable, et conclut ainsi : « Vous êtes sans doute disposés, Messieurs, à me laisser toute liberté et à me rendre justice ? » — « Oui, Mademoiselle, répartit le Procureur, parlez, et vos volontés seront exécutées. » — « Eh bien ! ce que j'attends de vous, c'est que vous me fassiez conduire à la communauté d'où je suis sortie malgré moi, et dans laquelle je prétends vivre et mourir : c'est mon unique volonté. »

Le jugement fut rendu en faveur de Sœur Saint-Jean-Berchmans ; M. le Vicaire général, qui assistait Sa Grandeur, fut chargé d'introduire la Mère Sainte-

Emilie dans la salle des délibérations où, jusque-là, elle n'avait pas paru.

Monseigneur David lui enjoignit de laisser libre la correspondance de Mademoiselle Léonie avec sa famille pendant trois mois, et de prolonger son noviciat du même laps de temps.

La jeune fille, après avoir embrassé son frère, fut remise entre les mains de sa Supérieure.

Le retour des voyageuses fut protégé par la gendarmerie et, à six heures du soir, elles rentraient dans la clôture.

La communauté les reçut avec une indicible joie, et s'unit à elles pour redire ces paroles tant aimées de la Mère Sainte-Emilie : « *Que le Dieu d'Israël est bon à ceux qui le cherchent de tout leur cœur !* »

Quelques années après, M. Léonard, qui avait fait un beau mariage, revenait en Bretagne avec sa femme et son fils aîné. Il déplorait ce qu'il appelait les folies de la jeunesse, exprimant son regret des ennuis qu'il avait causés.

Madame A***, surtout, entoura la vénérable Supérieure des marques de son plus profond respect.

Voilà, dans son émouvante vérité, ce drame qui tranche durement sur la vie uniforme de notre ursuline.

L'événement se voyait diversement commenté, lorsque s'ouvrit le concile du Vatican. Dans notre région, comme partout ailleurs, les esprits se passionnèrent bien vite pour cette grande question, et le silence se fit autour du monastère de Quintin.

C'était d'ailleurs le moment des supplications ferventes, du sacrifice et de l'expiation.

Un de nos grands évêques de France écrivait alors : « Une âme d'élite bien simple, bien humble, « est plus puissante pour l'heureuse issue de cette « grande affaire que bien des savants et des prélats. »

La Mère Sainte-Emilie le comprenait ; aussi s'efforça-t-elle de faire de ses filles des médiatrices dignes de s'interposer entre le ciel et la terre.

Puis 1870 allait sonner ; l'heure des revers et des deuils de la Patrie !

Le 5 septembre, au matin, on apprenait la proclamation de la République. Ce même jour, la mort avait fait une victime parmi les religieuses et tous les cœurs étaient déjà dans la tristesse, lorsque la vénérée Supérieure annonça le grand événement politique.

En termes énergiques, elle recommanda la confiance, la fidélité au devoir, la perfection de la vie intérieure.

Chacun sait les revers de nos armées..... Le patriotisme de la sainte Ursuline en souffrit cruellement. Regardant ces revers comme le résultat des mauvaises doctrines répandues depuis un siècle, elle en prit occasion pour recommander avec un nouveau zèle, à ses religieuses, l'obligation d'inculquer fortement, dans le cœur des jeunes élèves, les vrais principes qui sont le salut des individus et des sociétés.

Beaucoup de familles eurent recours aux prières de la Communauté : « Mon Dieu, répétait sans « cesse une vénérable octogénaire, envoyez des « millions et des millions d'anges au secours de « nos combattants ; qu'ils les conduisent, les sou- « tiennent et les assistent à leur dernière heure. »

Par ordonnance épiscopale, durant les hostilités, le Saint Sacrement fut exposé le jeudi dans les maisons religieuses du diocèse. M. l'abbé Le Fèvre, qui trouvait quelque analogie entre les malheurs de la France, fille aînée de l'Eglise, et ceux de Jérusalem, la ville sainte, voulut qu'on empruntât, au prophète Jérémie, les accents de la prière humble et désolée. Les lamentations du saint prophète furent chantées, chaque semaine, et tous les cœurs répétaient, avec les larmes de la componction : « *Jerusalem, Jerusalem, convertere ad Dominum Deum tuum.* »

Cependant notre pays marchait à sa ruine. Persuadée que le salut devait venir du Sacré-Cœur de Jésus, la Mère Sainte-Emilie obtint de Monseigneur David de consacrer publiquement au divin Cœur, le monastère, les enfants et les familles des religieuses.

Il est un fait remarquable, c'est qu'aucun des

proches parents de ces dernières ne tomba sous les balles ennemies.

Si les Prussiens ne foulèrent pas le sol de la Bretagne, les Bretons le durent à la protection de Notre-Dame d'Espérance, qu'ils choisirent pour gardienne. Mais les désastres étaient immenses, et bientôt leur arrivaient des multitudes de blessés, auxquels ils firent un accueil des plus fraternels.

Le monastère de Quintin se vit à la veille d'être chargé d'une ambulance, et tout était prêt, lorsqu'un contre-ordre fut donné, lui enlevant ainsi l'espoir d'exercer son patriotisme et sa charité chrétienne.

Mais détournons les yeux de cette lugubre histoire qu'une génération a écrite de son sang, et reprenons le récit des faits accomplis sous le quatrième supériorat de la Mère Sainte-Emilie.

Pour compléter l'œuvre entreprise en 1861, il paraissait presque indispensable d'annexer au pensionnat, construit alors, un réfectoire qui n'avait pu y trouver place. De plus, on sentait la nécessité d'établir une communication avec les classes externes, afin de recevoir, dans la *demi-clôture*, les parents des élèves, au jour de la distribution des prix et dans quelques autres circonstances solennelles.

Le moment semblait peu favorable : les temps étaient malheureux, les matériaux hors de prix.

Mais la Providence disposa si bien toutes choses, que les obstacles s'évanouirent, et l'on vit bientôt s'élever les fondations d'un bâtiment de trente-cinq mètres de long, sur dix de large.

La Mère Sainte-Emilie fut encouragée, dans cette entreprise importante, par Madame la marquise de Robien ; et il est juste que nous payions ici un tribut de reconnaissance à sa mémoire vénérée.

Ame simple et droite, cette noble dame vécut au milieu des pompes du siècle, sans y attacher son cœur ; elle n'avait qu'une passion, faire le bien. Aussi n'était-ce pas seulement de l'estime que « ses chères Ursulines », comme elle les appelait, lui avaient vouée, mais cette admiration respectueuse qui entoure la vertu dès ici-bas.

Très attachée au monastère où se faisait l'éducation de ses filles, la Marquise lui rendit des services nombreux et signalés.

Dans la circonstance qui nous occupe, elle se mit entièrement à la disposition de la Supérieure, lui prodiguant ses conseils et ses dons avec une générosité qui permit d'achever l'édifice et de l'aménager avec une simplicité élégante.

Au rez-de-chaussée, s'élève une vaste salle servant de réfectoire ; à droite, un cloître, annexe des salles de récréation ; à gauche, une gracieuse promenade ménagée sous les arcades des colonnes qui soutiennent la partie supérieure de la construction.

Là s'étend une très grande salle pouvant contenir trois à quatre cents personnes. Son plafond uni est d'un bel effet avec sa demi-voûte. A l'exception de quelques boiseries, l'appartement n'a d'autre ornement qu'un rocher de plâtre peint, qui imite le granit à s'y méprendre. Un groupe polychromé de la Sainte Famille voyageuse surmonte ce rocher, tandis qu'à l'autre extrémité de la salle une peinture, œuvre d'art, représente sainte Ursule abritant sous son manteau une multitude de jeunes filles.

Un autre événement devait marquer la période dont nous retraçons l'histoire.

De temps immémorial, le cimetière de la communauté avait été contigu à la chapelle ; et là, séparées du sanctuaire par une simple muraille, les dépouilles mortelles des religieuses reposaient sous le regard de Jésus-Hostie.

Rien de plus touchant que cette pensée de foi. Mais, comprise de la France chrétienne au moyen-âge, elle est en opposition avec les idées modernes : on ne pense plus de nos jours qu'à de prétendus principes d'hygiène et de salubrité publique.

Depuis la construction du pensionnat, un nouveau cimetière avait donc été établi au milieu de l'enclos, à l'ombre de quelques conifères dominés d'une croix de granit. Mais restait toujours l'ancien.

Le Chapitre supplia la Mère Sainte-Emilie de ne pas ajourner davantage la translation des ossements qu'il renfermait. N'était-il pas juste de réunir dans la mort des Sœurs que tant de liens avaient unies sur la terre ?

Ce fut un jour mémorable pour la Mère Supérieure que celui où, munie du tableau commémoratif, elle présida à l'ouverture des tombes. Que d'émotions se pressaient dans son âme, à mesure qu'elle s'agenouillait ici, près de la dépouille mortelle d'une fille bien-aimée, là, près d'une des mères qui l'avaient précédée ou accompagnée dans sa carrière religieuse ! que de pieux souvenirs éveillés autour d'elle ! Mille détails faisaient revivre le cher passé : dans cette fosse une croix de bois entre les doigts raidis d'une jeune défunte ; dans cette autre, les belles nattes d'une petite créole inhumée près de ses maîtresses, M. l'abbé Le Sage lui-même au pied de la croix où il avait demandé à être enterré, dans l'attitude du prêtre pieusement endormi, encore revêtu de ses ornements sacerdotaux que la mort avait fidèlement respectés... Que de poignantes émotions !...

Il fallait cependant s'y arracher. Après un service solennel, célébré au milieu d'une assistance recueillie, tous les restes précieux furent transférés au nouveau cimetière.

Ce lieu, qui porte le cachet monastique, fut chanté par une des filles de la Mère Sainte-Emilie, Mère Marie-Geneviève.

Véritable âme d'artiste, elle composa ce qu'elle appelait *son dernier cantique*, demandant qu'il l'accompagnât dans la tombe. Elle prétendait ainsi louer Dieu jusque dans les profondeurs de l'anéantissement. Peut-être nous saura-t-on gré de reproduire cette poésie si touchante.

MON DERNIER CANTIQUE

Trinité sainte, Père, Fils et Saint-Esprit, avant de quitter cette terre, je vous demande une grâce, celle de continuer à vous bénir jusqu'à la consommation des siècles dans le lieu où mon corps attendra le jugement. A cette fin, je veux inviter toutes les créatures à vous offrir, à ma place, un concert d'hommages et de glorification. Daignez l'agréer, ô mon Dieu, comme si je vous l'adressais effectivement de ma tombe jusqu'à la fin des siècles.

Terre qui me couvres, loue le Seigneur !

Manifeste la conviction où je suis, que toute créature n'est que cendre et poussière : par toi, je veux rendre à Dieu mille actions de grâces du vœu de pauvreté que j'ai eu le bonheur de faire et, le renouvelant, dire sans cesse : « *Mon Seigneur et mon Tout.* »

Buis qui entoures ma tombe, loue le Seigneur !

Exalte sa sainteté infinie, *Saint, Saint, Saint est le Seigneur ;* publie la grande miséricorde qu'il m'a faite en me choisissant pour épouse, malgré mon extrème indignité ! Renouvelle sans cesse en mon nom, le vœu de chasteté qu'il m'a donné de faire : « *Mon Bien-Aimé est à moi, et je veux être à lui à jamais !* »

Croix de verdure étendue sur ma tombe, loue le Seigneur !

Je te baise avec bonheur et avec respect, comme l'expression de la volonté de mon Dieu et de l'obéissance que je lui ai vouée, que je désire renouveler à chaque instant. Je ne suis pas surprise si parfois tu te couvres de fleurs, car l'obéissance a toujours été le soutien et la consolation de ma vie. C'est avec transport que je me soumets de nouveau et pour toujours à cette adorable volonté et que je veux sans cesse redire : « *Non ma volonté, mais la vôtre.* » — « *Notre Père, que votre volonté soit faite sur la terre comme au ciel.* » Chère petite croix, comme épitaphe, tu révéleras une seule chose :

« *Ici s'accomplit, par choix et élection, la très aimable volonté de Dieu.* »

Arbres qui ombragez ce lieu solitaire, louez le Seigneur !

Que le balancement de vos branches et le tremblement de votre feuillage soient agréés de mon Dieu comme autant d'inclinations profondes, autant d'actes d'adoration envers sa divine Majesté, à qui je veux dire sans cesse, unie aux chœurs angéliques : *Amen ! A Dieu appartiennent l'honneur, la puissance et la force dans les siècles des siècles. Amen.*

Petits oiseaux qui visitez ce cimetière, louez le Seigneur !

Que votre ramage soit un hymne de louange et d'actions de grâces pour tous ses bienfaits !
Benedicamus Domino. Deo gratias.

Croix de granit qui domines ce lieu, loue le Seigneur !

Par toi, je veux faire profession publique de ma foi, et témoigner le désir que j'ai de son triomphe dans tout l'univers.
Mon Dieu, je crois fermement tout ce que la sainte Eglise catholique, apostolique et romaine m'ordonne de

croire, parce que vous le lui avez révélé. O Dieu, que toutes les nations vous connaissent et que tous les peuples vous servent et vous adorent !

Lierre qui ornes le mur béni de cette enceinte, loue le Seigneur !

Tu seras l'interprète de mon espérance. Plus faible que toi, mais appuyée sur le Tout-Puissant, je dirai : « *Mon Dieu, j'ai espéré en vous, je ne serai pas confondue.* »

Saule pleureur, loue le Seigneur !

Avec toi je veux m'abaisser profondément devant mon Juge pour les fautes sans nombre que j'ai commises et pour l'expiation desquelles je suis heureuse d'être dans cette fosse sous les pieds de tout le monde, répétant dans l'amertume de mon âme : « *Mon Dieu, j'ai un grand regret de vous avoir offensé ; ayez pitié de moi selon votre grande miséricorde et effacez mes péchés selon la multitude de vos bontés !...* » Pleurons aussi de concert les iniquités de mes frères, les pécheurs.

Petits insectes qui vous remuez en ce lieu, louez le Seigneur !

Que tous vos mouvements soient autant de

témoignages des services que je désirerais rendre à mon Créateur, mon Roi et mon Maître !

Et vous, arbustes et fleurs, qui croissez ici, exprimez les différents actes de vertus par lesquels je voudrais glorifier mon Dieu.

Gloire au Père, au Fils et au Saint-Esprit, dans tous les siècles. Amen.

Mur d'enceinte, loue le Seigneur !

Par toi je veux remercier Dieu de cette clôture bénie dans laquelle il m'a réfugiée à l'abri des dangers du monde ; tu diras donc pour moi : « *O Jésus, prisonnier d'amour au saint Tabernacle, je veux être votre prisonnière en cette maison jusqu'à la fin des siècles.* »

Grottes pieuses placées près de ce cimetière, louez le Seigneur !

Soyez un témoignage de ma profonde reconnaissance envers Jésus, mon divin Sauveur, à qui je veux dire sans cesse avec l'Eglise : « *Nous vous adorons, ô Jésus, et nous vous bénissons, parce que vous avez racheté le monde par votre croix. Père éternel, au nom de Jésus, miséricorde !* » Soyez également un témoignage de mon amour envers Marie, ma Mère, à qui je veux adresser un dernier et immortel salut : « *Salve Regina ! Spes nostra salve ! Ave Maria !* »

Il fut impossible au moment des obsèques de Mère Marie-Geneviève de retrouver cet hymne de louanges. Trois semaines après on le découvrit, et Mère Sainte-Emilie, pleine de respect pour les dernières volontés de sa chère fille, fit ouvrir sa tombe pour y déposer le pieux écrit.

Après avoir parcouru déjà bien des étapes douloureuses, la vénérée Mère allait encore, avant de quitter le supériorat, sentir la croix peser lourdement sur ses épaules. Ce fut tout d'abord le départ de M. l'abbé Le Fèvre qui lui causa une véritable peine. Ce digne aumônier avait, depuis quinze ans, bien mérité de la communauté et des nombreuses familles de Quintin dont il était l'ami et le conseiller.

Trois jours après, le samedi-saint (3 avril 1874), Mère Saint-Stanislas expirait au moment où l'officiant entonnait à la chapelle l'*Alleluia* de la Résurrection. Nous avons vu cette fervente Ursuline porter allègrement la charge de supérieure ; elle avait, depuis cette époque, fait partie du conseil et exercé à diverses reprises les fonctions de Préfète. On comprend que la mort d'un tel sujet devait faire un grand vide.

Des pertes si rapprochées, à la veille de voir Mère Sainte-Emilie quitter le supériorat, jetèrent les cœurs dans une profonde tristesse, et, si l'élection du sept avril rendit un peu d'espérance par le choix qui fut fait de Mère Cœur-de-Marie, on ne put se défendre d'une impression bien pénible, en apprenant que le même jour mourait M. l'abbé Rouxel, vicaire à la Cathédrale de Saint-Brieuc, désigné pour succéder à M. l'abbé Le Fèvre.

Dans une lettre datée du six mai, la Mère Sainte-Emilie exprime ainsi ses sentiments : « Vous « avez sans doute appris toutes nos péripéties ou « plutôt tous nos chagrins ; j'en voyais de si sen- « sibles autour de moi, j'en éprouvais tant moi- « même, qu'il me fut impossible de me réjouir le « jour de Pâques. Ce jour m'a été comme le « Vendredi-Saint.

« Après avoir si longtemps désiré le repos, j'ai « quitté ma lourde charge sans consolation aucune.

« Depuis un mois, Mère Cœur-de-Marie gou- « verne en paix la communauté ; cette sainte « religieuse sera exempte, je l'espère, des sollici- « tudes passées, mais elle n'en aura pas moins la « croix à porter. La souffrance nous est si néces- « saire que le bon Maître ne voudra pas l'en « priver. Du moins, je lui demanderai qu'il « l'adoucisse par l'onction de sa grâce. »

CHAPITRE VII

Portrait physique et moral de Mère Sainte-Emilie. — Son
gouvernement. — Manière dont elle fait observer les vœux
et la Règle. — Elle apprend aux Sœurs converses à aimer
leurs humbles fonctions. — Son plus grand soin tend à
former des religieuses aptes à la seconder dans l'administration. — Son amour pour la clôture.

La partie la plus active de la carrière de Mère
Sainte-Emilie est terminée. Elle a conduit d'une
main vigoureuse l'administration du monastère et,
bien qu'âgée de soixante-douze ans, aucune altéra-
tion de ses facultés ne s'est encore trahie.

La vénérée Mère fut surtout remarquable comme
supérieure. Aussi, avant de raconter le soir de sa
vie, il est bon de jeter un regard d'ensemble sur
son gouvernement.

Une rare prudence, un bon sens exquis, une
fermeté pratique, un tact parfait dans l'appréciation
des personnes et des choses, une grande pénétration
des affaires et des âmes, faisaient d'elle une de ces
natures d'élite éminemment propres aux fonctions
du supériorat. Sa tendresse de cœur tempérait sa

vivacité native, et l'on pourra dire d'elle comme de la vénérable Mère Barat : « Le cœur rachetait tout, c'était la qualité maîtresse. »

Continuant le rapprochement, nous trouvons aussi dans le caractère de la Mère Sainte-Emilie « l'élément de la force, non pas seulement de cette « force qui est la puissance d'agir, mais celle plus « nécessaire dans une supérieure qui est le courage « de souffrir : l'autorité qui a l'épine pour diadème « et pour sceptre la croix (1). »

Au premier coup d'œil on ne pouvait deviner en la Mère Sainte-Emilie un si heureux mélange de qualités rares. Petite, légèrement voûtée, les traits fortement accentués, l'humble Ursuline n'avait pas le brillant qui captive. L'imagination ne dominait pas chez elle ; ses paroles et sa correspondance empruntèrent rarement les riantes images qui ornent le discours ; et cependant on trouvait dans sa conversation tant de rondeur, parfois de bonhomie, toujours une pointe si spirituelle, qu'après un court entretien on se retirait subjugué.

Puis, comme elle savait écouter l'exposé d'un projet, consulter elle-même au besoin jusqu'à la dernière des Sœurs converses ; mais aussi, comme

(1) *Histoire de Madame Barat, fondatrice de la Société du Sacré-Cœur*, par Mgr Baunard.

dans l'occasion, elle voyait promptement la fausseté d'une démarche, d'une situation !

La vigilance fut encore un trait caractéristique de la vertueuse Mère. Levée la première, ne regagnant que vers dix ou onze heures du soir sa pauvre cellule du clocher, elle voyait tout, surveillait tout, avec une intelligence maternelle. Certains grands esprits sont incapables de descendre dans les détails ; ne sont-ils pas petits par un côté ?

Admirablement douée pour l'administration, la Mère Sainte-Emilie ne trouva rien au-dessous d'elle dès qu'il s'agit de faire observer les vœux, la règle, d'obtenir la bonne gestion de l'emploi, de faire régner l'ordre dans la maison. En agissant ainsi, ne tarissait-elle pas une source de murmures ?....

Dès le début de sa vie religieuse, elle s'était pénétrée de l'esprit de la plus stricte pauvreté. Sa cellule ne différait point de celle de ses filles, elle la balayait elle-même, puisait de l'eau à la fontaine, et se rendait elle-même ces mille petits services dont la jeunesse qui l'entourait eût voulu lui dérober le soin. « Mon bonheur, répondait-elle dans ces circonstances, c'est de me servir moi-même. »

On le voit, comme Saint Jean Berchmans, elle cherchait dans la vie commune, et l'accomplissement exact de ses devoirs, l'abnégation de tous les instants. Cependant elle excéda la règle en quelques points : un seul repas chaque jour, le soir, une légère collation et cinq ou six heures de sommeil suffisaient pour réparer ses forces. Elle n'enfreignit jamais la loi de l'abstinence. Dans son extrême vieillesse, il fallut user de stratagème pour lui faire accepter quelque adoucissement à ses vieilles et saintes coutumes.

Jamais le supériorat ne lui fut un prétexte aux privilèges et aux exemptions. Les vêtements usés étaient de son goût, elle triomphait d'aise de paraître un jour de solennité avec un voile reprisé et une robe rapiécée. On l'a vue quitter sa place au réfectoire pour s'assurer que tous les mets servis avaient la préparation de ceux qui lui étaient présentés. Elle aimait ces soupières et ces plats grossiers qui eussent été agréés des solitaires d'Egypte. Lorsque, par suite d'un empoisonnement dont souffrirent plusieurs religieuses, le médecin interdit leur usage, la Mère Sainte-Emilie, tout en comprenant qu'il fallait les abandonner, à cause de l'oxyde de plomb contenu dans leur gros vernis, ne laissa pas d'en éprouver quelque peine. Elle craignait de voir apparaître une vaisselle plus moderne et convenant moins aux épouses d'un Dieu crucifié.

A l'encontre de la pauvreté évangélique, une sorte d'esprit de propriété s'était glissé parmi les religieuses depuis la Révolution. Chaque Sœur avait conservé l'usage exclusif de son trousseau, un point de la règle était lésé.

La Mère Sainte-Émilie n'était point femme à transiger sur ce point important : le linge mis en commun, autant que la prudence le permet, fut distribué à chacune sans d'autres égards que ceux que réclament la maladie et les infirmités.

Toute brèche à l'esprit de pauvreté était de même condamnée sans retard. Quelques religieuses ornèrent le prie-Dieu de leurs cellules de pieuses statuettes. Le sacrifice leur en fut bien vite demandé : le crucifix et trois images trouvèrent seuls place dans l'oratoire privé.

Elle profitait de tout pour donner à ses Sœurs des leçons de pauvreté et tout à la fois d'économie pratique. Un jour, rencontrant une Sœur auxiliaire, elle lui dit : « Ma fille, n'êtes-vous point employée à la lingerie ? » — « Oui, ma Révérende Mère. » — « Eh bien ! suivez-moi. » Et, la menant dans sa cellule, elle lui montra une taie d'oreiller quelque peu décousue : « Voyez-vous, mon enfant, ceci n'est rien maintenant ; mais, lorsque cette pièce reviendra de la lessive, l'ouverture aura grandi, il faudra plus de temps et plus de fil pour la raccommoder. En visitant le linge plus soigneusement, vous éviteriez pareille dépense. »

Pour animer ses Sœurs de l'amour de la sainte Pauvreté, elle leur rappelait le détachement de leur bienheureuse Mère Angèle Mérici et de tous les fondateurs d'Ordres religieux, qui ont fait de cette vertu le rempart de leur Institut. « Si, disait-elle, « tant de communautés ont été à jamais détruites « par la Révolution, il ne faut pas s'en prendre « aux hommes, qui n'ont été que les instruments « de la justice divine. Dans la plupart de ces « monastères, le luxe et le confortable avaient « pénétré. Rien ne me ferait tant de peine, ajou- « tait-elle, que de voir le nôtre devenir riche ; « mais Dieu ne le permettra pas, il n'y enverra « que des âmes désireuses d'imiter Notre-Seigneur « dans l'abjection de sa crèche. »

Et cependant la Mère Sainte-Emilie comprenait que la pauvreté vouée n'est pas celle des rues. Celle-ci, en permettant à l'indigent de disposer de l'obole reçue, le laisse fréquemment manquer du nécessaire ; celle-là, entièrement dépendante, inter- dit au religieux de posséder le plus minime objet, mais en retour demande que le nécessaire, autant que possible, ne lui fasse pas défaut. C'est pourquoi la sage Supérieure souhaitait à sa mai- son une aisance relative qui, ôtant l'inquiétude du lendemain, permet à l'âme religieuse de va- quer avec liberté d'esprit aux devoirs de son saint état.

Partant de ces principes, la Révérende Mère sut allier la générosité à la pauvreté évangélique. Par ses soins, tous les offices du monastère furent munis du matériel qui leur convient.

La Mère Sainte-Emilie était ennemie de ce qu'on appelle le bon marché « parce que là, disait-elle, n'est pas la véritable épargne. » Elle se pourvoyait de toile, de serge de longue durée, et encourageait les Sœurs converses dans la préparation des étoffes qu'elles confectionnaient : « Rappelez-vous, mes « Sœurs, que vous êtes chargées de vêtir les prin- « cesses de la cour du Roi Jésus. Votre travail « nous procure une économie réelle et nous per- « met de conserver dans nos vêtements la sévérité « que requiert notre saint état. »

Ecoutons maintenant ses conseils à une jeune économe : « Ma fille, lorsqu'on réclame de vous « un objet quelconque pour un emploi, ne le « refusez pas, bien que son utilité ne vous soit « pas absolument démontrée. Si vous ménagez le « temps d'une de vos compagnes, si vous l'attachez « davantage à son travail, vous lui procurez une « plus grande paix et vous n'aurez pas à regretter « votre condescendance. Mais ne laissez pas une « barrière entr'ouverte, une fenêtre mal fermée, « ne négligez pas une légère réparation, car, en « ce qui concerne la pauvreté, une économe est « peut-être plus responsable que la Supérieure. Les « moindres infractions conduisent aux grandes ; « en purgatoire, les âmes religieuses souffrent

« étrangement pour expier leurs manquements à
« la sainte pauvreté. »

Animée de ces sentiments, la Mère Sainte-Emilie
veillait à conserver partout la plus grande simplicité.
Plusieurs fois on l'a entendue dire : « Nos murs
« blanchis à la chaux ne sont plus de mode, et leur
« entretien peut être plus onéreux qu'un papier de
« tenture ; mais ils me semblent ainsi plus confor-
« mes au dénûment monastique. Gardons-les tels. »

Fidèle à la règle de saint Augustin, la Mère
Sainte-Emilie demandait à ses filles de recevoir les
dons d'un père, d'une mère, non pas seulement
comme des gages d'amitié et de souvenir affectueux,
mais de les considérer comme des aumônes. Elle
accomplissait elle-même cette prescription avec une
simplicité touchante. « Merci, écrivait-elle, de
« votre généreuse offrande, car nous ne recevons
« rien qu'en qualité de pauvres de Jésus-Christ,
« et ce titre, loin de nous humilier, nous est au
« contraire très glorieux. »

Nous l'avons vu, la servante de Dieu agissait
avec largeur de vue lorsqu'il était question de
pourvoir un emploi ; mais elle devenait sévère dans
les détails concernant chaque religieuse en particulier. Elle savait alors faire pratiquer le renoncement. En voici un exemple.

« Je revenais du parloir, raconte une de ses
« filles, j'y avais reçu une croix de bronze. Ce

4*

« christ ferait bien dans tel oratoire du jardin, me
« disais-je ; et je me rends chez notre Mère Supé-
« rieure. » — « Ma Révérende Mère, voici un
« crucifix qui vient de m'être donné. » — « Très
« bien, mon enfant, déposez-le sur cette table, je
« lui trouverai sa destination. » Cette réponse
« décisive me fut plus profitable qu'un long dis-
« cours sur la pauvreté. »

A tous les âges de la vie, le cœur humain est
jaloux de sa liberté. La Mère Sainte-Emilie le savait
par expérience ; aussi, durant son long gouvernement, s'attacha-t-elle à tout obtenir de la bonne
volonté de ses inférieures et elle n'eut jamais à
commander en vertu de la sainte obéissance.

Il est difficile cependant d'obtenir une plus exacte
observance de la règle et plus de perfection dans
l'administration des emplois. C'est que la Mère
Sainte-Emilie était elle-même une règle vivante,
si accessible à ses Sœurs, que toutes en subissaient
l'action. Elle avait étudié à fond, non seulement
les constitutions de l'Ordre, mais les saintes traditions apportées par les Mères fondatrices ; et,
après avoir fait revivre en elle-même l'esprit primitif,
son plus grand soin était de l'inculquer fortement
dans les âmes.

« La religieuse sera jugée, disait-elle, sur les
« commandements de Dieu, ses vœux et sa règle,
« cherchez donc là, mes Sœurs, la lumière qui

« doit éclairer les moindres circonstances de votre
« vie. Pratiquez votre règle si parfaitement que
« vous en soyez une copie vivante qui permette
« de reproduire ce précieux exemplaire, s'il venait
« à se perdre.

« Mûries au pied de la croix, les Constitutions
« monastiques sont le fruit de veilles prolongées,
« de macérations sanglantes. Angèle Mérici n'a
« composé les siennes que peu de temps avant sa
« mort, et après injonctions réitérées du Sauveur
« lui-même. Avant d'insérer dans ses règles le seul
« article concernant la composition extérieure du
« visage, saint Ignace de Loyola jeûna et offrit la
« sainte Victime pendant quarante jours.

« Tout ceci nous montre, mes Sœurs, combien
« ce qui nous semble petit est véritablement grand
« aux yeux des saints. »

Une jeune fille qui désirait entrer en religion,
reçut de la Mère Sainte-Emilie ce sage conseil :
« Mon enfant, choisissez une maison parfaitement
« régulière, car la sainteté dépend moins de l'aus-
« térité des Constitutions que de la ponctualité
« avec laquelle on les observe. »

La vénérée Supérieure ne perdait pas une occasion de montrer à ses filles l'importance de s'attacher à la règle. Un jour qu'elle se promenait au
jardin, elle considéra des branches de vigne que le
jardinier venait de tailler : « Voyez-vous ces bran-

« ches, mes Sœurs, elles ne sont plus propres à
« rien, puisqu'elles sont séparées du cep ; elles
« sont l'image d'une religieuse qui vit hors de la
« règle. Oh ! qu'une âme qui se conduit ainsi
« devient inutile en religion ! qu'elle doit craindre
« d'être abandonnée du Seigneur ! »

« Si vous voulez maintenir dans la communauté
« le véritable esprit religieux, disait-elle encore,
« ne vous pardonnez jamais une infraction à la
« règle, quelque légère qu'elle vous paraisse.
« Regrettez-la sincèrement, et acceptez volontiers
« l'humiliation qui en résulte. Ne demandez jamais
« une dispense sans avoir prié, et revenez à la
« vie commune le plus tôt que vous le pourrez.
« O mes enfants, qu'un seul point de règle
« accompli en vue de Dieu lui procure de
« gloire !

« Au lendemain de la mort de Robespierre, Mère
« Sainte-Mélanie de Kervégan obtint de l'acquéreur
« du monastère d'y rentrer pour prier et enseigner.
« A chaque fois qu'elle longeait un dortoir ou se
« trouvait en un lieu régulier, elle se souvenait
« des prescriptions de nos saintes Règles, gardait
« un profond silence, marchait sans bruit, remplis-
« sant d'admiration ses compagnes d'infortune.
« Quel glorieux passé ! Soyons fières de notre
« origine, mes Sœurs ; méritons la couronne du
« ciel, non par le martyre du sang, mais en mou-

« rant à nous-mêmes, par la pratique quotidienne
« de nos Constitutions. »

La Mère Sainte-Emilie prémunissait ses filles
contre tout relâchement. Si l'on tardait à sonner
l'oraison, ne fût-ce que d'un instant, elle faisait
remarquer que, vu le grand nombre de religieuses
qui participaient à cet exercice, soixante'ou soixante-
dix minutes étaient, par ce seul fait, ravies à Dieu.

Elle ne voulait pas que le second coup de la
cloche trouvât la religieuse dans la même attitude
que le premier ; mais, aussitôt le signal donné,
l'esprit devait s'occuper de l'exercice conventuel
qui allait commencer.

Elle rappelait aux Sœurs coadjutrices le but que
la Religion se propose en les recevant, but qui est
leur sanctification par les travaux de la vie active ; et
que, pour faciliter leur tâche, les constitutions leur
prescrivent une prière moins fréquente, mais que
cette condescendance doit exciter leur piété et
produire en elles une sainte allégresse, chaque fois
qu'elles se rendent au pied du Tabernacle.

Elle les mettait en garde contre cette tentation de
croire que pour plaire à Dieu on doive se surcharger
de pratiques pieuses. « Oh ! non, mes Sœurs,
« disait-elle, là n'est pas la vertu. La vertu consiste
« dans l'accomplissement du devoir, dans le dévoue-
« ment, le renoncement, et surtout dans l'union à
« Dieu, au milieu des occupations les plus acca-

« blantes. L'emploi est, pour la religieuse, le
« sacrifice le plus méritoire. Elle y pratique ses
« vœux et l'esprit de ses vœux, ses règles et
« l'esprit de ses règles. C'est là qu'elle trouve le
« moyen de s'acquitter de la dette de reconnais-
« sance contractée envers son Institut et mérite les
« grâces du céleste Epoux. » Et, comme pour tem-
pérer l'austérité de ses enseignements, la charitable
Mère ajoutait : « Je sais que je vous impose des
« fardeaux pénibles en vous confiant un emploi ;
« mais je suis prête à partager vos difficultés, ne
« craignez pas de me les confier. »

Enfin, pour encourager les Sœurs converses dans
leurs humbles fonctions, elle leur rappelait que
l'âme vouée à Dieu le glorifie davantage en ramas-
sant des pailles par obéissance, qu'en se livrant par
son esprit propre à des occupations plus relevées.

« Le maître que nous servons, disait-elle, se
« plaît à l'intention qui nous anime, plutôt qu'à
« l'action qui nous occupe. Et je crois juger selon
« Dieu en faisant peu de cas des oraisons sublimes
« et des ravissements d'une Sœur qui néglige son
« emploi, si humble soit-il. »

Elle s'efforçait de donner à toutes ses Sœurs une
haute idée de l'état religieux : « Il est vrai, mes
« Sœurs, que les gens du monde ont des idées
« bien erronées sur toutes ces questions. Une
« religieuse est fort peu de chose dans leur estime ;

« ses œuvres leur paraissent viles et méprisables :
« aussi n'est-ce pas des mondains que nous atten-
« dons notre récompense mais de Dieu, témoin et
« rémunérateur des vertus ignorées. Heureuses les
« âmes que le Seigneur a choisies pour lui appar-
« tenir ! Celui-là seul qui a goûté combien son
« joug est doux peut comprendre ces paroles :
« *J'ai préféré être le dernier dans la maison de Dieu,*
« *que d'habiter sous la tente des pécheurs.* »

Il arrivait parfois à la Mère Sainte-Emilie de
remarquer qu'avec des talents médiocres, une religieuse remplissait mieux son poste qu'une autre
naturellement plus apte aux affaires ; elle en infé-
rait que peut-être celle-ci n'intéressait pas suffisamment Notre-Seigneur à son office, et lui rappelait
ces paroles de la règle : « *Elle n'agira jamais parfaitement dans les rencontres où elle est obligée d'être
en action, si, en agissant, elle ne regarde pas Dieu.* »

Puis la sage directrice demandait que ce regard
vers le ciel mît un frein à l'activité qui enlève aux
bonnes œuvres le parfum, la saveur qu'il plaît tant
au Maître d'y rencontrer. Plus d'une novice, descendant rapidement un escalier, reçut de la bonne
Mère une admonition et, sur place, récita à genoux
un *Ave Maria* pour expier sa faute.

La modération, la possession de soi en toutes
choses, lui semblait la note de la véritable vertu.
Une postulante sollicitait sa bénédiction avant sa

retraite de vêture ; elle en reçut cette leçon : « Il
« est certain, ma fille, que je ne vous recevrai pas
« à profession, si vous êtes résolue à vous tuer en
« un jour. Ce matin, je vous apercevais dans la
« prairie, plus chargée de linge qu'un âne n'en
« porterait. La vertu se trouve dans le juste milieu,
« et la perfection de l'obéissance dans la pratique
« exacte des recommandations des Supérieures. »

Nous avons dit ailleurs le triste état où la Mère
Sainte-Emilie trouva la Communauté lorsque, en
1838, elle fut nommée supérieure pour la première
fois ; et, après avoir montré la sagesse de son
administration, bénie de la Providence, il est juste
de faire ressortir le soin que la vénérée Mère
apportait à rendre ses religieuses aptes à la seconder.

Quelle que soit l'habileté d'une supérieure, elle
ne peut, en effet, prétendre tout faire par elle-
même, et si la religieuse qui dirige l'économat, le
vestiaire, la lingerie et le reste, manque d'ordre,
d'initiative, de savoir-faire, que deviendra le temporel ?

La Mère Sainte-Emilie ne le savait que trop ;
aussi regarda-t-elle comme un point capital la distribution des emplois du monastère. Ici surtout
l'humble Supérieure s'appuyait sur Dieu seul. Elle
constata qu'elle n'eut jamais plusieurs religieuses
capables de remplir un même poste. A ce propos,
elle disait plaisamment : « J'ai toujours fait la

« procession avec ce que j'avais de monde, et j'ai
« tiré parti des esprits les plus médiocres, comme
« des personnes les mieux douées. » Mais avec
quelle ardeur elle priait Dieu de l'assister de ses
lumières ! Comme elle étudiait les sujets qu'elle
avait en vue ! Souvent c'était de loin qu'elle les
préparait à des fonctions qu'elle ne leur confiait
que quelques années plus tard.

A de rares exceptions près, une Sœur ne dirigeait
un emploi qu'à la suite d'une sorte de noviciat de
sa charge, sous la conduite d'une religieuse expérimentée, qui l'initiait pleinement à tous ses devoirs.
Ces précautions prises, l'habile Supérieure ne mar-
chandait plus sa confiance à ses filles, leur laissant
l'autorité nécessaire au bon fonctionnement de leurs
charges. « Vous avez grâce maintenant pour tran-
« cher cette difficulté, disait-elle, lorsqu'on la
« consultait. »

Ce n'est pas qu'elle se désintéressât de la direction générale. Non. Elle se faisait rendre un compte
exact par les chefs d'emploi de leur manière de les
remplir, et proposait parfois une organisation nouvelle, plus propre à obtenir le résultat désiré. En
tout cela, la Mère Sainte-Emilie agissait avec une
sorte de respect pour l'*officière* (mot consacré dans
le cloître) et ne lui eût pas soustrait, sans son
aveu, l'une de ses aides, ne fût-ce qu'une heure,
pour l'employer à d'autres travaux. Poussant si

loin la déférence, elle pouvait demander à sa communauté l'esprit de soumission, car rien ne prêche si efficacement que de pareils exemples.

Nous venons de montrer l'estime que la vénérée Supérieure avait vouée aux observances de la vie monastique ; il nous reste à nous étendre sur un point particulier, nous voulons parler de la clôture. Mais, laissons-la nous exprimer elle-même ses sentiments : « La vie claustrale, dit-elle, a toujours « eu mes préférences. Elle procure plus de facilité « d'être entièrement à Dieu et à son divin service ; « tout y redit : *Sursum corda !* Les bruits de la « terre viennent expirer au pied de nos murs, nous « laissant poursuivre notre sillon dans le calme et « la paix.

« Est-ce peu de chose que cette séparation totale « du monde, si bien faite pour favoriser l'oraison ? « N'est-ce pas la meilleure part choisie par Marie « et qui ne lui sera pas ôtée ?

« C'est la vie du cloître qui a conservé les saintes « pratiques d'humilité et de mortification en usage « au temps des Scholastique, des Thérèse de Jésus, « des Claire d'Assise, des Angèle Mérici, des « Jeanne de Chantal. Que volontiers, avec la réfor- « matrice du Carmel, je baiserais les murs de ma « clôture bénie ! »

La Mère Sainte-Emilie voyait avec regret les vocations pour le cloître diminuer de jour en jour ;

aussi remerciait-elle le Seigneur, lorsqu'il inspirait ce saint désir à quelque âme privilégiée. La vénérée Mère écrivait à un ecclésiastique : « Nous acceptons « la jeune personne dont vous nous parlez. Puisse « le divin Maître, Monsieur l'Abbé, vous accorder « d'approuver une vocation pour le cloître, elles « sont si rares de nos jours ! Dites à la jeune fille « que je la bénis, et que mon vœu le plus ardent « est qu'elle devienne une parfaite Ursuline. »

Les règles qui concernent la clôture étaient sacrées aux yeux de la Mère Sainte-Emilie ; elle était sévère pour les plus petites négligences sur ce point. Son zèle la porta à abattre la maison qui avait été le berceau du monastère, parce que ce bâtiment, de facile communication avec l'extérieur, pouvait occasionner quelques abus.

Très réservée à permettre aux personnes du dehors l'entrée du cloître, elle subissait presque à regret certaines circonstances, car elle aimait les saintes lois par lesquelles l'Eglise préserve ses vierges de l'esprit du monde.

Elle redoutait aussi la présence de ce qu'on appelle communément les *grandes pensionnaires*, parce que ces personnes, accoutumées à une vie indépendante, se plient difficilement à toutes les exigences de la vie monastique et que la régularité peut en souffrir par là-même.

Toutefois, à la suite d'événements exceptionnels,

la vénérée Supérieure se vit obligée de donner l'hospitalité à sa sœur Mademoiselle Thérèse de Jaulin. L'exception était d'autant plus plausible que la communauté avait contracté, envers sa restauratrice, une grande dette de reconnaissance, et que l'autorité diocésaine intervint de la manière la plus explicite.

CHAPITRE VIII

Mère Sainte-Emilie dans ses rapports intimes avec ses filles. —
Elle apprend à l'âme à se quitter pour se perdre en Dieu.
— Sa vivacité naturelle n'est pas complètement éteinte ;
elle s'efforce d'en faire oublier les saillies. — Condescendance de Mère Sainte-Emilie pour les faiblesses du prochain.
Sa charité pour les malades. — A l'exemple de N.-S., elle
aime les pauvres, les petits, les déshérités de ce monde.

« Pour bien conduire, a-t-on dit, il faut beau-
« coup aimer. » Nous allons voir la Mère Sainte-
Emilie réaliser cette loi dans toute sa perfection.

Elle était mère, et aucune souffrance de ses filles
ne la trouva indifférente. Aussi, que ces souffrances
vinssent d'épreuves intérieures ou d'une santé
débile, il était rare qu'on se retirât de sa compagnie sans un peu de joie et d'espérance.

Aux unes, elle rappelait le souvenir des faveurs
reçues ; aux autres, les richesses inépuisables du
mystère de la croix ; à toutes, elle traçait les
grandes lignes de cette charité, vraiment fraternelle, qui fait d'une communauté le vestibule du
paradis.

« Ne contristez personne, disait-elle ; votre parole
« serait un coup de lance qui transpercerait le
« Cœur de Jésus avant d'atteindre celui de votre
« sœur.

« Ne vous arrêtez pas à ce que les défauts du
« prochain ont de choquant ; n'est-il pas plus
« profitable de considérer ses bonnes qualités ? Si
« vous ne pouvez excuser l'action, excusez du
« moins l'intention ; pourquoi ne pas supposer que
« vingt actes de vertu, connus de Dieu seul, ont
« précédé une faute qui étonne et scandalise les
« faibles ?

« Parmi nous, il en est une plus agréable à
« Dieu que les autres ; s'il nous était donné de la
« connaître, par le seul fait de cette préférence,
« nous l'entourerions de notre respect. Puisque
« ces mystères intimes nous sont cachés, aimons-
« nous toutes comme des sœurs, et respectons-
« nous comme des reines. »

Mère Sainte-Emilie ayant souffert pendant de
longues années d'une direction rigoriste, fit tous
ses efforts pour garantir les âmes des terribles
ravages que le scrupule y opère. « L'esprit,
« en se repliant sur lui-même, disait-elle, ôte à
« la volonté son énergie naturelle et arrête le
« cœur dans son élan vers la Beauté incréée.
« L'amour de soi étant assez souvent la cause
« de ce travers, une âme judicieuse trouve dans

« l'obéissance aveugle un remède infaillible à ce
« mal. »

A mon arrivée au monastère, rapporte une religieuse, j'omettais la sainte communion sous de
vains prétextes. Notre Mère le sut et me dit :
« Ma fille, ignorez-vous que manquer une seule
« fois de s'approcher de la sainte table, c'est se
« priver d'une grâce qui peut être décisive ? »

Après un sermon sur l'enfer, une âme timorée
confiait ses craintes à la bonne Supérieure : « Mon
« enfant, lui fut-il répondu, rien comme cette
« méditation ne doit nous porter à la confiance,
« puisque, après avoir mérité les flammes éternelles,
« Notre-Seigneur nous en a préservées sans aucun
« mérite de notre part. »

Apprendre à l'âme à se quitter pour se perdre
en Dieu, fut l'un des principes de la direction de
Mère Sainte-Emilie.

Une de ses filles, après dix ans de profession,
gémissait de se voir encore bien imparfaite ; elle
l'encourage en ces termes : « Quand Jésus vous
« choisissait pour son épouse, il connaissait vos
« fautes passées et futures ; au lieu donc de songer
« si souvent à vos misères, considérez l'amour
« infini dont vous êtes l'objet, vos inquiétudes
« disparaîtront. »

« Il me semble, lui disait une autre, que lorsque
« je paraîtrai devant Dieu, la vue de mes péchés

« me remplira d'une telle épouvante que je ne
« saurai où me réfugier. » — « Pour moi, reprit la
« Mère Sainte-Emilie, le sentiment de la recon-
« naissance pour les bienfaits reçus l'emportera,
« j'espère, sur tous les autres : « *Celui qui se confie*
« *dans le Seigneur est inébranlable comme la mon-*
« *tagne de Sion.* »

C'était quelquefois par un ingénieux à-propos
qu'elle donnait la réponse à un doute, à une per-
plexité. Après avoir écouté une jeune religieuse
harcelée de tentations, la sage directrice se tourna
vers la fenêtre : « Quelle tempête, ma fille ; empê-
« chez donc le vent de souffler ainsi ! »

Une sorte d'intuition surnaturelle lui faisait
deviner parfois les souffrances les plus intimes.
« J'étais accablée par une tristesse que je ne pou-
« vais vaincre, raconte une Sœur. Lorsque je me
« présentai à la récréation, notre vénérée Mère me
« regarda attentivement, me fit placer près d'elle,
« et me posant la main sur le bras : « Tout va
« bien, ma fille. » Et sur-le-champ ma peine
« s'évanouit. »

Les conseils de Mère Sainte-Emilie étaient em-
preints d'une grande fermeté, lorsqu'elle rencontrait une âme capable de la comprendre.

« Par suite du brisement de cœur que j'ai
« éprouvé, lui confiait une de ses sœurs, j'ai plus
« avancé dans la vie spirituelle, en ces trois der-

« nières années, que dans le reste de ma vie reli-
« gieuse. » — « Je bénis Dieu, mon enfant, de
« vous avoir montré le bienfait de la souffrance,
« répartit la révérende Mère ; rappelez-vous que
« nulle autre voie ne vous conduira plus sûrement
« au Cœur de Jésus.

« Le bon Dieu vous aime, puisqu'il vous a envoyé
« de si rudes épreuves. Il vous veut tout à lui ;
« ne lui faites pas l'injure de douter de son
« amour.

« Humiliez-vous de vos fautes, mais ne vous
« en troublez jamais ; le découragement naît
« d'un orgueil secret ou d'une pusillanimité exa-
« gérée. »

Attentive à reconnaître l'action de la grâce,
Mère Sainte-Emilie ne la devançait pas, mais la
secondait, encourageant l'âme à marcher dans le
sentier de la perfection, en dépit des défauts les
plus accentués.

Une religieuse d'un caractère naturellement vio-
lent se laissait parfois aller à des saillies regrettables. Ferme autant que bonne, la sage Supérieure
poursuivait cette nature impérieuse sans lui mé-
nager conseils et remontrances. Elle conduisit sa
fille à la pratique d'une vertu presque héroïque, et
put la proposer comme modèle aux personnes
portées au découragement.

C'était un principe pour la vénérée Mère de ne

jamais faire allusion aux fautes déjà reprises. Agir autrement irrite les âmes et les détourne du bien. « Vous avez entendu, mon enfant, écrit-elle, tout « ce que j'avais à vous dire. Vous savez que « j'avertis ou que je gronde selon le cas, mais je « ne radote jamais. »

Encore que la Mère Sainte-Emilie déployât dans la lutte contre elle-même toutes les ressources d'une énergique volonté, elle ne parvint pas à dompter complètement son impatience naturelle. Elle l'a-vouait humblement : « Je m'échappe pour un rien, « alors que, dans les choses importantes, je me « contiens facilement. »

Elle eut donc, plus d'une fois, à se reprocher d'avoir, dans ses réprimandes, dépassé les bornes de la modération requise.

Pour qui connaît les difficultés du gouvernement, ceci paraîtra quelque peu excusable. Accablée d'inquiétudes de toutes sortes, en proie aux mille soucis de l'administration, la pauvre supérieure voit sa patience soumise à un laborieux exercice. Cependant, ne doit-elle pas être l'ange consolateur de toute âme éprouvée, et se tenir à la disposition de chacune, comme si elle n'avait autre chose à faire ? Notre Mère le savait bien ; aussi ses regrets étaient sensibles après une parole peu mesurée. Pour effacer le froissement qu'elle avait causé, elle fit plus d'une fois appeler dans sa chambre la

religieuse que sa vivacité avait bouleversée, et
l'interpellant par son grand mot d'amitié : « Enfant,
« j'ai besoin de tel objet, pourriez-vous me le
« procurer ? » Ou, regagnant le soir sa cellule, la
bonne Mère s'arrêtait près de la porte de celle
qu'elle avait contristée et lui donnait sa bénédiction, disant : « Pauvre Sœur, quelle peine je
« lui ai faite aujourd'hui ! elle en souffre, et
« moi aussi ; je communierai demain à son inten-
« tion. »

Il est un chagrin que la Mère Sainte-Emilie
savait particulièrement adoucir, c'est celui que cause
l'absence d'êtres chéris. « Pleurez, pleurez, mes
« enfants, disait-elle aux aspirantes, vos regrets
« sont légitimes ; parce que vous aimez vos parents,
« vous aimerez beaucoup le bon Dieu. La religion,
« loin de détruire les affections de la famille, les
« rend plus fortes en les sanctifiant. »

La condescendance de la vénérée Mère la portait
à compatir aux frayeurs naturelles. Que de fois, la
nuit, elle quitta sa couche pour se rendre près de
quelqu'une de ses filles que les éclairs et le fracas
du tonnerre impressionnaient vivement.

Elle ne voulait pas non plus qu'on imposât à
une novice, à une jeune religieuse encore peu
accoutumée à la vue de la mort, d'ensevelir ou de
veiller une défunte ; elle attendait que l'âme
fortifiée par la méditation des fins dernières, se

fût familiarisée avec un spectacle toujours émouvant.

Enfin la grande bonté de cœur de Mère Sainte-Emilie ne lui permettait pas de rien négliger pour le soulagement des malades. Elle les regardait comme les plus fermes colonnes du monastère et, suivant l'exemple de saint Ignace de Loyola, elle aurait vendu pour leur soulagement les vases sacrés de sa chapelle.

Sur ce point, ses recommandations aux cuisinières, à l'infirmière, sont marquées au coin de la charité la plus parfaite. Elle exhortait celle-ci à alléger de tout son pouvoir la souffrance des membres de Jésus-Christ ; à celles-là, elle recommandait un apprêt particulier pour les mets destinés à l'infirmerie.

Sachant combien il importe de soigner la maladie dès son début, la vigilante Supérieure voulait que le médecin fût appelé sans retard, et les remèdes appliqués au plus vite.

L'état d'une de ses filles semblait désespéré. Elle entreprit une correspondance assidue avec une religieuse de Metz, très expérimentée dans le soin des malades. Pendant une année, un échange de lettres, presque quotidien, permit de suivre les plus minutieux détails d'un traitement qui, fidèlement suivi, triompha du mal.

La convalescence est un temps dangereux où la

nature accepterait volontiers des soulagements superflus. La Mère Sainte-Emilie encourageait, avec prudence et discrétion, à reprendre la règle au plus tôt. Elle rapportait les paroles d'une vénérable ancienne à de jeunes religieuses convalescentes : « L'oraison ne tue pas, mes petites « Sœurs, au contraire, elle donne de la vigueur ; « au ciel, il y aura des couronnes pour les « grands courages, et d'autres pour les petits « courages ; prenez garde de n'obtenir que ces « dernières. »

Quelles que fussent ses occupations, la Révérende Mère se réservait une demi-heure pour visiter les sœurs retenues à l'infirmerie, et, par ses attentions délicates, leur adoucissait la privation de la vie de communauté.

Le dénouement fatal prévu, elle y disposait ses filles, sans toutefois devancer le moment de la grâce : « Laissez Notre-Seigneur agir, insinuait-« elle, il amènera notre chère malade à désirer la « fin de son exil. »

Que de fois elle fut consolée par les saintes ardeurs de ses religieuses mourantes, qui appelaient de tous leurs vœux la venue du divin Epoux. Témoin Mère Marie-Angélique, de qui elle écrivait : « Votre sœur désire que sa famille apprenne « son état désespéré, afin que vous soyez pré-« parés à la séparation. Elle ne craint nullement la

« mort, et en parle comme s'il s'agissait d'aller
« à la prière. »

Et cette Sœur Sainte-Gertrude qui, au jour de
sa mort, demandait à chaque heure si ce n'était
pas celle de l'union divine.

La vénérée Mère ne s'éloignait ni le jour ni la
nuit du chevet de ses agonisantes ; il n'était pas
pour elle d'affaire plus grave que de les assister en
cet instant décisif, considérant comme un devoir
suprême de les remettre à Celui de qui elle les avait
reçues. Elle faisait de fréquentes aspersions d'eau
bénite autour de leur couche, et soutenait, dans leurs
mains défaillantes, le cierge allumé, symbole de la
foi. Approchant le crucifix de leurs lèvres, elle
répétait : « Mon Dieu, je crois en vous ; j'espère en
« vous ; je vous aime de tout mon cœur ; je suis
« fâchée de vous avoir offensé. Mon Dieu, je
« remets mon âme entre vos mains. Jésus, Marie,
« Joseph, faites que je meure en votre sainte
« compagnie. »

La Mère Sainte-Émilie priait l'Aumônier de renouveler à la mourante le bienfait de l'absolution,
de réciter les prières de la recommandation de l'âme,
et, s'il ne recevait pas le dernier soupir de la religieuse, celle-ci ne quittait pas la terre sans la bénédiction maternelle.

Toujours présente lorsqu'on ensevelissait ses
filles, la bonne Mère observait les moindres pres-

criptions du *cérémonial*, se réservant de leur laver les pieds, et, comme au jour de leur prise d'habit, de les revêtir du costume religieux. « Avec quel « respect, disait-elle, ne devons-nous pas toucher « ces corps sanctifiés par le vœu de chasteté ! les « Anges les gardent dans leurs tombeaux et pré- « servent leurs cendres des attaques du démon. »

La charité qui l'animait, dilatait si bien son cœur, que son affection pour ses chères filles débordait jusque sur leurs parents bien-aimés. Ceux-ci étaient reçus au monastère avec joie et honneur, entourés des mille délicatesses que suggèrent le respect, la reconnaissance, l'amour filial et fraternel : « Vous « êtes ici chez vous, disait aimablement la bonne « Supérieure ; rien ne m'est plus agréable que de « vous offrir l'hospitalité. »

Puis elle versait dans des cœurs endoloris par la séparation d'une fille chérie, les consolations de la foi. « Oh ! disait-elle, le plus souvent, vous ne « pouvez comprendre la grâce que Dieu vous fait « en choisissant votre enfant pour son épouse ; il « vous rendra au centuple ce que vous lui sacrifiez « aujourd'hui. »

Un cultivateur, type du paysan intelligent et chrétien, venait se consoler de son isolement auprès de Mère Sainte-Emilie. Trois de ses filles étaient professes du monastère de Quintin. Lorsque la dernière était entrée en communauté, la vénérée Mère alors âgée de quatre-vingts ans avait reçu à bras ouverts la nouvelle postulante, lui adressant ces paroles : « Ma chère enfant, je bénis Dieu de vous « réunir à vos aînées. Quel honneur pour votre « famille que ces trois vocations religieuses. « *Qu'il* « *est bon pour vous le Dieu d'Israël ! il n'a pas agi* « *ainsi avec les autres nations.* » Quand votre père « me confia votre sœur Marie, ses enfants n'étaient « pas élevés, et maintenant, en sacrifiant celle qui « semblait devoir lui fermer les yeux, il offre à « Dieu un holocauste digne d'admiration. »

Pour relever le courage du respectable père, elle l'assurait qu'en retour de son héroïque sacrifice, Dieu lui réservait d'abondantes bénédictions. Le brave homme la quittait charmé et lui offrait, comme témoignage de respectueuse reconnaissance, les meilleures pommes de son verger ou le plus beau beurre de sa laiterie.

Nous pourrions multiplier les citations ; elles nous amèneraient à conclure que cette charité, si pleine de délicatesse, était comprise et payée de vénération : « J'aime tant cette bonne supérieure, « disait le père d'une sœur converse, que je n'ai « pas, pour ma propre mère, une affection plus « grande, un respect plus profond. »

La Révérende Mère savait les difficultés que rencontrent certaines familles, pour donner à leurs enfants une éducation en rapport avec leur naissance.

Sa grandeur d'âme la portait à des concessions pécuniaires que n'autorisait pas toujours l'état de ses finances.

Elle écrivait : « Je serais désolée, Madame, que « vous me crussiez inquiète du paiement de vos « notes. Soyez tranquille, nous attendrons, et votre « manière de solder m'arrangera, si elle peut vous « éviter une gêne. »

Dieu bénit le désintéressement de la Mère Sainte-Emilie. Combien de jeunes filles, enfants d'adoption du monastère, l'ont quitté riches de talents qu'elles ont utilisés pour le soutien de leur famille !

Souvent aussi, elles ont partagé le laborieux apostolat de l'Ursuline, et rendu de grands services à la communauté qui les avait formées au travail et à la vertu.

A l'exemple de Notre-Seigneur, la vénérée Mère aimait les pauvres, les petits, les déshérités de ce monde. Un malheureux, rejeté de tous, fut recueilli par elle et occupé comme homme de corvée ; sa lenteur naturelle et son défaut d'intelligence lui valaient souvent des reproches ; il allait alors trouver sa protectrice qui, l'écoutant avec patience, calmait son indignation. Jusqu'à la mort, il fut considéré dans la maison comme le pauvre de Jésus-Christ.

Un jeune homme, après un essai infructueux au séminaire, s'était voué à l'instruction des enfants d'une campagne voisine de Quintin. Lorsque la vieillesse l'obligea de laisser sa classe, il tomba dans la misère. Lamandé avait des sentiments religieux peu communs, il ne parlait que de Dieu, et comme ce langage n'a guère cours dans le monde, le vieillard devint l'objet de la risée du pays, où il passait pour un idiot. La Mère Sainte-Émilie en jugeait autrement. Non contente de l'assister de ses aumônes, elle recevait volontiers ses visites, le laissant discourir sur la religion, à la grande satisfaction du magister.

La Révolution espagnole avait forcé plusieurs familles carlistes à émigrer en France. En rapport avec quelques-unes d'entre elles, et comprenant leur infortune, la vénérée Supérieure gagna leur estime, plus par sa compatissante bonté que par les soulagements qu'elle sut apporter à leur malheur. Malgré ses occupations, elle ne refusa jamais de les recevoir. « Oui, ma fille, disait-elle à la « portière, je vais me rendre, la situation de ces « pauvres gens me fait pitié. »

Une dame, éminemment pieuse, voyait avec peine son mari éloigné des pratiques religieuses. Tout dévoué aux pauvres, qu'il soignait gratuitement, il ne manquait à cet homme du monde que la religion, qui eût rendu sa vie très méritoire. Madame B*** confiait son chagrin à la Révérende Mère. « Ah ! je comprends, répondit celle-ci, vous

« aussi me dites : « Prenez notre homme. » Soyez
« tranquille, nous importunerons si bien le Cœur
« de Jésus que M. B*** redeviendra chrétien. »

Elle lui raconta que quelques jours auparavant
une femme du peuple l'avait suppliée de gager son
mari en qualité de journalier, et lui avait dit en
son langage naïf : « Pernez notre homme (prenez),
« vous sauverez son âme en lui donnant du
« pain. »

Les artisans salariés par le monastère étaient
l'objet de mille attentions de la part de Mère
Sainte-Emilie. Ces braves gens la trouvaient toujours prête à les secourir, sous quelque forme que
l'épreuve apparût, aussi ne l'appelaient-ils que la
bonne Mère. La scène suivante nous montre l'aimable
simplicité de notre Ursuline. On creusait un canal ;
le travail était plus qu'ingrat, il était dangereux.
La vénérée Mère visitait les travailleurs. — « Bon-
« jour, mes amis. » — « Bonjour, bonne Mère
« Supérieure. » — « Ah ! vous voilà, Jean, com-
« ment va votre femme ? — Et vous, Yves, votre
« petit garçon ? — Mon pauvre Célestin, que vous
« me paraissez fatigué... Vous avez beaucoup de
« mal maintenant, mais, rendus là-bas, la besogne
« sera plus facile. N'oubliez pas d'unir vos peines
« à celles de Notre-Seigneur, afin de ne point en
« perdre le mérite. » — « *Je n'avons pas le temps,*
« *bonne Mère.* » — « Un regard vers Dieu suffit

« pour cela, mes bons amis. » Et les ouvriers reprenaient la pioche avec une nouvelle ardeur.

La charitable Mère recommandait à Dieu les travaux qu'elle devait entreprendre, afin qu'il préservât le monastère de tout accident. Le Ciel, qui l'exauçait d'ordinaire, permit cependant un malheur. Un couvreur tomba à ses pieds du haut d'un toit. Quelques minutes auparavant, elle l'avait supplié de prendre les plus grandes précautions. « Soyez sans inquiétude, ma Supérieure, avait « répondu l'intrépide Michel. » Grièvement blessé, il fut transporté à l'hôpital, où il mourut trois jours après.

La Mère Sainte-Emilie fit placer à l'endroit où s'était passé le douloureux événement, une image de la Sainte Vierge, priant Marie d'être la protectrice de ce lieu.

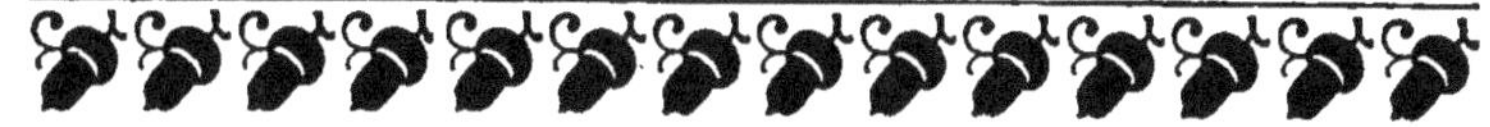

CHAPITRE IX

Vie intérieure de Mère Sainte-Emilie. — Jugement qu'en porte le Révérend Père Morin, de la Compagnie de Jésus. — Rapports de Mère Sainte-Emilie avec M. Dubois Saint-Séverin, curé-doyen de Quintin. — Lettre de celui-ci sur la prière. — Eloge public rendu par M. l'abbé Gancel à l'esprit religieux de Mère Sainte-Emilie. — Acquiescement à la volonté divine, source de la paix du cœur. — Esprit d'obéissance de Mère Sainte-Emilie. — Son amour pour le saint office. — Elle fait ses délices de la prière et de la sainte communion.

L'esprit des deux sœurs de l'Evangile se trouvait réuni dans la Mère Sainte-Emilie, et, si nous avons montré Marthe en action, il est temps que nous laissions voir Marie aux pieds du Sauveur. Comme cette sainte amante, notre vénérée Mère y puisait la lumière surnaturelle qui lui fit goûter la sublimité des mystères de la foi. Sa grande âme se plaisait dans la méditation des perfections divines ; elle aimait à se perdre dans l'immensité de Dieu, et à se considérer comme la goutte d'eau dans le vaste océan.

Un Jésuite, le Révérend Père Bazire, regardait cette disposition comme une grâce spéciale, mais l'humble Ursuline, craignant d'être le jouet de l'illusion, en parlait à ses confesseurs comme d'une tentation dont elle voulait se garantir.

Les précieux germes de l'amour du beau, du vrai, du bien, déposés dans son cœur, avaient été cultivés avec soin par ses pieux parents. Nous l'avons vue enfant, préférer la conversation sérieuse d'un père aux amusements du jeune âge. Dans l'intimité du vieil officier, son caractère avait pris quelque chose de viril ; elle s'était débarrassée des mesquines pensées si ordinaires à la femme frivole. On conçoit facilement que la grâce divine, travaillant une telle nature, l'ait rendue capable d'une vertu peu commune. Les personnes qui ont dirigé cette grande âme ont toujours admiré sa simplicité, son désir du bien. Voici le témoignage qu'en rendait le Révérend Père Morin, de la Compagnie de Jésus. Nous l'extrayons de la correspondance d'une religieuse de la Providence de Peltre (Lorraine).

. . . .

« Le Révérend Père Morin, ayant été envoyé
« de Metz en Bretagne, m'écrivit en janvier 1848,
« après une série de retraites données dans les
« Côtes-du-Nord : « Je voulais vous dire que dans
« mes courses j'ai trouvé une âme vraiment sainte.

« Oh ! que Notre-Seigneur se communique à elle !
« *Multa audivi quæ non licet loqui* (1). »

« Le vingt-cinq mars suivant, il m'écrivait
« encore : « Quelque jour, je vous donnerai moyen
« de vous mettre en rapport avec ma véritable
« sainte ; elle est supérieure d'une communauté
« d'Ursulines. Dieu la favorise d'inénarrables com-
« munications. »

« Mais le Père Morin mourut au mois d'octobre
« de la même année, et ce fut le Père François
« Renault qui me fit connaître le nom de la Mère
« Sainte-Emilie et sa résidence. »

La mort du Révérend Père Morin causa une
peine sensible à notre vénérée Mère ; elle appréciait
le don remarquable qu'il avait reçu pour conduire
les âmes à l'union avec Notre-Seigneur. Le Ciel la
consola de ce sacrifice en lui envoyant un guide
non moins sûr, le Révérend Père Renault, dont on
vient de faire mention.

L'éminent religieux comprit, dès la première
retraite qu'il prêcha dans le monastère de Quintin,
ce que Dieu avait fait de grâces à Mère Sainte-
Emilie. Dans ses missions en Bretagne, il se
ménagea plusieurs entretiens avec l'Ursuline qu'il
continuait de diriger.

---

(1) J'ai entendu beaucoup de choses qu'il ne m'est pas
permis de dire.

La mort du saint missionnaire brisa ces nouveaux liens formés par la grâce, mais la Révérende Mère garda profondément dans sa mémoire les enseignements des deux Jésuites, et en fit la règle de sa vie spirituelle.

A cette époque, la cure de Quintin était occupée par un prêtre pieux et savant, M. l'abbé Dubois Saint-Séverin (1). La Mère Sainte-Emilie trouvait dans la conversation de cet ecclésiastique des éléments de confiance qui dilataient son âme, toujours un peu portée à la crainte. Afin de lui laisser des pensées avec lesquelles elle pût s'identifier, M. Dubois Saint-Séverin lui écrivit une lettre qui, transcrite par quelques religieuses, est parvenue jusqu'à nous.

« Vous parlez de vos prières avec une sorte de
« mépris, et vous semblez y avoir peu de confiance.
« Ce sentiment est une des tentations les plus
« perfides que le démon emploie contre les âmes
« qui cherchent Dieu, et s'adonnent aux exercices
« de la piété.

« Saint Bernard l'écrivait autrefois : « Que nul
« ne méprise sa prière, car Dieu ne la méprise pas.

(1) M. Dubois Saint-Séverin est l'auteur d'ouvrages chers à la piété chrétienne, notamment des livres intitulés, *La Confiance en Dieu* et *La Science de la Prière*. (Imprimerie Lafolye, à Vannes).

« Ou il accordera ce qu'on lui demande, ou il
« donnera quelque chose de plus utile. »

« Que sert-il d'avoir confiance dans la prière en
« général, si nous n'avons pas confiance dans
« *la nôtre ?* — Ce n'est pas la prière en général
« qui nous sauve, chacun doit chercher la grâce et
« le salut dans *la sienne.* Jésus-Christ nous assure
« que *tout* ce que nous demandons nous sera
« accordé, pourvu que nous ayons confiance de
« l'obtenir. Il ne se contente pas de nous réitérer
« à toute occasion sa promesse, il la confirme par
« un serment solennel, et *vous*, vous n'osez pas
« vous fier à sa parole. Ne trouvez-vous pas qu'il
« y ait en cela beaucoup d'incrédulité ?...

« Est-ce là d'ailleurs connaître le Cœur de Jésus ?
« Ce Dieu si bon, si compatissant, si miséri-
« cordieux, qui n'a jamais repoussé pendant sa
« vie mortelle *une seule* des prières qu'on venait
« lui offrir, quoique presque toutes eussent pour
« objet des biens purement temporels.

« Je dis que cette défiance de nos prières est
« une tentation perfide, parce qu'elle s'offre aux
« bonnes âmes sous les plus belles couleurs et sous
« les apparences de la piété et de l'humilité, c'est
« qu'on ne se croit pas digne d'être écouté, c'est
« que notre *prière* elle-même nous paraît si pauvre,
« si misérable, qu'on ne peut croire que Dieu
« daigne y faire attention, c'est une fausse humilité ;

« et veuillez bien remarquer que c'est prendre le
« change que de raisonner ainsi. Il ne s'agit pas
« de savoir si nous sommes dignes personnelle-
« ment d'être exaucés, ou si *notre prière* en elle-
« même vaut la peine que Dieu y prête l'oreille.
« Ce n'est ni sur nous ni sur le mérite intrinsèque
« de *notre prière* qu'est fondée son efficacité : l'en-
« tendre ainsi, ce serait une erreur dans la foi.
« Toute la question est de savoir si nous croyons
« que Dieu est assez bon pour que, sans aucun
« mérite de notre part, et uniquement poussé par
« sa miséricorde, il exauce les désirs de notre cœur,
« et qu'il se plaise à nous combler de ses bienfaits.
« Jésus-Christ nous assure qu'il en est ainsi, il **va**
« même jusqu'à nous en assurer avec serment :
« *En vérité*. Après cela, c'est être trop incrédule
« de ne pas s'en rapporter à sa parole.

« On discourt trop sur les qualités de la prière,
« et toutes ces dissertations n'aboutissent qu'à
« ébranler la foi sans bornes que nous devons avoir
« dans *notre prière*.

« Les vraies qualités de la prière sont : le *désir*
« d'obtenir ce que l'on demande, et l'*assurance*
« qu'on l'obtiendra. Ces deux conditions donneront
« toujours à nos prières toute la perfection et toute
« l'efficacité qu'elles peuvent avoir.

« Pour moi, je suis persuadé que s'il arrive si
« souvent que nous ne sommes pas exaucés, la *seule*

« *cause* de la stérilité de nos prières, c'est qu'elles
« n'ont pas cette plénitude de la confiance que la
« foi devrait leur donner, car Jésus-Christ, qui nous
« assure si positivement que *tout* ce que nous de-
« manderons nous sera accordé, pourvu que nous
« ayons foi en sa promesse, nous déclare aussi, par
« la bouche de son Apôtre que, si nous hésitons,
« nous n'obtiendrons rien. »

Les relations spirituelles que la Mère Sainte-Emilie
entretint avec M. l'abbé Dubois Saint-Séverin, furent
très profitables à son âme. Il en fut de même des
rapports qu'elle eut avec M. l'abbé Gancel, aumônier
depuis 1874. La caractéristique de ce saint prêtre
fut surtout la piété. Il puisa dans ses entretiens
avec la Mère Supérieure une profonde estime pour
la vie religieuse, et une grande vénération pour
celle qu'il regardait comme le moteur du bien
accompli sous ses yeux. Il ne put taire l'expression publique de son admiration pour elle. Dans
une instruction qu'il adressa à la communauté,
le 4 janvier 1880 (Mère Sainte-Emilie était encore
Supérieure), il formula le vœu suivant : « Je souhaite,
« mes Sœurs, que chacune de vous acquière
« davantage cet esprit propre aux Ursulines, et aux
« Ursulines de Quintin. Cet esprit, vous le trouverez
« évidemment dans vos règles, étudiées et méditées
« aux pieds de Jésus ; mais vous avez un autre
« moyen de l'acquérir : c'est d'interroger, d'écouter,

« surtout d'imiter celles qui, vivant ici depuis
« longtemps, se sont aussi plus fortement pénétrées
« de cet esprit. Cet esprit religieux, votre véné-
« rable Supérieure le possède à un haut degré ;
« elle a contribué en grande partie à son rétablis-
« sement, à son maintien, à sa conservation.
« Dieu la gardera encore longtemps, j'espère, pour
« être le guide de celles qui seront, dans la
« suite, chargées de diriger les autres, cependant
« on regrette de voir son gouvernement toucher à
« sa fin. Cinquante-huit années de vie religieuse !
« vingt-sept de supériorat ! et, pendant ce temps,
« comme elle a pratiqué la vertu !... Je vous
« demande donc, mes Sœurs, de graver dans
« votre cœur les paroles, les avis, les conseils de
« votre Mère ; de juger des choses comme elle
« en a jugé, car l'esprit propre à une maison,
« c'est la vie, la sève, la vigueur, qu'il commu-
« nique à tous les membres, avec le génie des
« œuvres à opérer.

« Cet esprit a été la source du bonheur que les
« âmes ferventes ont goûté dans ce saint asile ; il
« sera la source de celui que vous goûterez si,
« comme vos devancières, vous travaillez à l'ac-
« quérir. »

Il est bon de remarquer qu'à cette époque la
Mère Sainte-Emilie était dans sa soixante-dix-
huitième année ; il suffisait au prédicateur de baisser

quelque peu la voix pour ne pas être entendu de
la vénérable septuagénaire. Elle s'en plaignit aimablement à ses filles : « J'ai, leur dit-elle, très bien
« compris le commencement et la fin de la confé-
« rence, mais au milieu M. l'Aumônier a parlé si
« bas, qu'il m'était impossible de le suivre. »

Pour la Mère Sainte-Emilie, tout venait de Dieu
et conduisait à lui. Ceci nous explique cette fami-
liarité affectueuse, cette reconnaissance filiale qu'elle
eut toujours pour Notre-Seigneur. Jésus fut le
confident de sa plus légère joie comme de son plus
cuisant chagrin. Dans les rares écrits trouvés après
sa mort, on a remarqué les deux lignes suivantes :
« *O vous, qui avez réjoui ma jeunesse, daignez encore*
« *consoler ma vieillesse.* »

Elle s'efforçait de communiquer ces sentiments aux
personnes qui l'approchaient : « Oui, se plaisait-elle
« à redire, habituez-vous à une sainte intimité avec
« votre divin Maître. Parlez-lui de vos amis, de
« vos occupations, de vos difficultés journalières.
« S'il vous survient une contrariété, une peine de
« cœur, une déception, confiez-les lui ; si vous
« tombez dans quelque faute et que vous en subis-
« sez la peine, baisez la main qui vous frappe et
« dites : « Merci, mon Dieu. »

Ce verset du Psaume 118e : « *Vos ordonnances,*
Seigneur, sont mon entretien continuel et vos oracles mes
conseillers, » l'avait singulièrement impressionnée,

et la méditation de ces paroles l'avait conduite à la vie d'union. « Quoi ! se disait-elle, David avait « un royaume à gouverner, il eut des guerres san- « glantes à soutenir, de nombreux ennemis à « vaincre, et néanmoins il ne détachait pas ses « regards du Dieu trois fois saint.

« Devait-il prendre en main les intérêts d'Israël, « lui dicter des lois ? C'était prosterné la face contre « terre près du tabernacle de Sion, qu'il attendait « les oracles du Seigneur !..... Et moi, chétive « créature, je perdrais cœur dans les difficultés « inhérentes à ma position, je détournerais les « yeux de Celui-là seul qui me donnera la « lumière. »

L'acquiescement à la volonté divine nous pro-cure la paix du cœur. La Providence dispose des événements et « *tout tourne au bien de celui* « *qui aime Dieu.* » La Mère Sainte-Emilie en avait fait la douce expérience ; elle s'efforçait donc de prémunir les âmes contre les désirs immodérés et répétait souvent : « Mes Sœurs, ne cherchez le « bien qu'avec tranquillité et pleine adhésion au « bon plaisir divin. »

« Vous vous plaignez de n'être pas arrivée à la « perfection, disait-elle à une personne pieuse ; la « perfection est l'œuvre de la vie entière ; ainsi « attendez, supportez vos misères avec patience et « humilité. Vos jours, ma fille, seront pleins,

« parce qu'ils sont marqués au coin du dévoue-
« ment. »

La Mère Sainte-Emilie avait pris la volonté de
ses supérieurs comme règle de sa conduite. Dans
son gouvernement, elle ne fit rien d'important sans
le conseil et l'assentiment de son évêque. S'il nous
est impossible de signaler mille traits édifiants,
notons du moins qu'en 1847, époque où l'on
résolut d'abattre une partie du monastère, elle proposa de tout démolir et de tout réédifier à la fois ;
mais que Monseigneur Le Mée, effrayé des dépenses
qu'entraînerait une telle entreprise, s'y opposa. Il
fallut se soumettre et accepter un plan partiel qui
ôtait aux constructions cette régularité d'architecture
toujours désirable. Etant donné l'état des anciens
bâtiments, la prévoyante Supérieure ne pouvait
toutefois se dissimuler qu'à bref délai, le Prélat
reviendrait sur sa décision.

En effet, quatre ans plus tard, on devait poursuivre l'achèvement de l'édifice. Le nouveau plan
ne pouvant s'adapter au premier, deux marches
devenaient indispensables, pour relier les corps de
logis ; elle les nomma *marches de l'obéissance.*

Cette obéissance de foi, la Mère Sainte-Emilie la
pratiqua à l'égard des supérieures qui lui succédèrent. Celles-ci plus jeunes, moins expérimentées,
lui rendent le témoignage qu'elle n'a jamais entravé
leur action. Les marques de respect dont la vénérée

Mère les entourait les ont aussi profondément édifiées. L'une d'elles cite le fait suivant : « Je visitais
« les malades, lorsque je vis arriver, en toute hâte,
« la vénérable octogénaire, qui me dit d'un ton
« pénétré : « Puisqu'il ne m'est plus possible d'as-
« sister à la prière du soir, je viens, ma bonne
« Mère, m'adjoindre aux malades pour recevoir
« votre bénédiction, car, pour moi, c'est celle
« de Dieu même. »

Dans le son de la cloche, Mère Sainte-Émilie
trouvait encore Dieu. « Ah ! pensait-elle, en se
« rendant à Matines, voici l'heure où les mon-
« dains courent à leurs concerts et à leurs fêtes
« profanes. Moi, je vais à un concert où me convient
« les anges. »

Rien ne lui semblait doux comme la récitation
de l'office divin ; elle invitait ses Sœurs à unir
leurs voix pour symboliser l'union de leurs cœurs.
« Si vous êtes appelées à entonner un psaume, une
« antienne, un simple verset, leur disait-elle, faites-
« le avec révérence, puisque vous parlez au nom
« de l'Église. Toutes les pieuses cérémonies que
« nous gardons ont été en honneur dans l'Ancien
« Testament aussi bien que dans le Nouveau, et
« un jour notre œil sera ravi par le spectacle
« grandiose de la milice céleste qui, selon Isaïe et
« l'apôtre saint Jean, se prosterne et chante :
« *Sanctus, Sanctus, Sanctus.* »

La Mère Sainte-Emilie regretta toujours de ne savoir pas le latin, parce que cette connaissance lui eût permis de pénétrer plus avant dans le sens multiple et profond du texte sacré. Pour s'en dédommager, elle se familiarisa avec la traduction du petit Office de la Sainte Vierge, et l'un de ses premiers soins était de la faire apprendre aux novices et aux jeunes professes. Elle chérissait jusqu'à son psautier, imprimé sous Louis XIV ; outre la traduction littérale, ce vieux livre lui offrait des notes et des commentaires qui lui étaient précieux.

Comme toutes les âmes grandes et saintes, elle aimait non seulement à faire passer sur ses lèvres les paroles des auteurs inspirés, mais surtout elle en nourrissait son âme, puisant à propos dans ce trésor pour le bien de celles qui l'entouraient.

Une de ses conférences les plus remarquables fut, sans contredit, celle où ce verset du Ps. 69 : *Deus, in adjutorium meum intende* lui servit de texte. Elle y exhorta ses filles à élever sans cesse leur cœur au ciel, afin d'en obtenir assistance dans toutes les difficultés de la vie.

Dieu seul connaît entièrement la vérité. L'homme, ici-bas, avec sa nature déchue, ne saisit rien complètement. Il doit à un travail persévérant les connaissances qu'il acquiert dans l'ordre physique et dans l'ordre moral. La Mère Sainte-Emilie, qui l’avait compris, ne se contenta pas d’une étude superficielle des Règles et des Constitutions de son Institut. Elle les regardait comme une mine à exploiter et, durant six années, dans toutes ses oraisons, elle creusa ce fonds inépuisable, qui lui découvrit toujours de nouvelles richesses.

Rien n’égalait son recueillement dans ses communications avec Dieu. Anéantie devant la majesté divine, elle aimait à passer de longues heures au pied du Saint-Sacrement exposé sur l’autel. *Quam dilecta tabernacula tua*, répétait-elle avec le Psalmiste, et aussi : « *Un seul jour passé dans votre maison, ô* « *mon Dieu, vaut mieux que mille sous la tente des* « *pécheurs.* »

« Jésus résidant au tabernacle nous dédommage « de tout, écrivait-elle, adoucit nos peines les plus « sensibles et encourage nos faibles efforts. Non, « il n’est point de jeûne ou de mets insipide « quand on peut recevoir son Sauveur. »

Mais, pour Mère Sainte-Emilie, le sacrifice était inséparable de la sainte communion. Et, pour constater le profit que l’on retirait de cette manne céleste, elle demandait qu’on mesurât, non pas les ardeurs sensibles, mais les progrès accomplis dans la voie du renoncement. Une de ses aspirations favorites, avant de communier, était ces paroles du psaume 41ᵉ « *Comme le cerf altéré* « *soupire après l’eau des fontaines, ainsi mon âme*

« *a soif de vous ô mon Dieu !* »... Et, au souvenir
de ses fautes, elle ajoutait : « *Pourquoi êtes-vous*
« *triste, ô mon âme, pourquoi vous troublez-vous*
« *encore ? espérez en Dieu, confiez-vous entièrement en*
« *lui, l'abîme de vos misères attirera l'abîme de ses*
« *miséricordes.* »

Dans la correspondance de la vénérée Mère, nous
trouvons ces quelques lignes : « Un temps précieux
« pour mon âme est celui que je passe chaque soir
« au pied du tabernacle. Toutes mes religieuses
« sont retirées dans leurs cellules, le silence le plus
« profond règne autour de moi, et seule la lampe
« du sanctuaire éclaire les ténèbres de la nuit qui
« s'avance. C'est en ce moment que je déplore les
« défaillances de la journée, et que j'exprime au
« bon Jésus le désir que j'ai de mieux faire. Il me
« semble voir sa main se lever pour m'absoudre
« et me bénir. Réconfortée, je lui recommande
« mes besoins personnels, ma charge, la commu-
« nauté, et je le prie, mes enfants, de vous garder
« dans sa grâce et son saint amour. Cette halte
« quotidienne devant le Saint-Sacrement me délasse
« des fatigues que m'apportent l'administration du
« monastère et la succession non interrompue
« d'affaires dissipantes. »

Il n'était pas jusqu'aux cantiques en langue
vulgaire qui ne devinssent un aliment réel à la ferveur de Mère Sainte-Émilie. Ceux du bienheureux

Grignon de Montfort avaient ses préférences ; elle les avait appris sur les bancs de l'école. La profondeur des pensées qu'ils renferment plaisait singulièrement à son esprit et remuait délicieusement son cœur, tandis que l'énergique originalité qui les exprime résonnait toujours plus agréablement à son oreille.

CHAPITRE X

Amour de la Mère Sainte-Emilie pour l'Eglise. — Elle ·
exprime à Pie IX la part qu'elle prend à ses angoisses. —
Le grand Pontife l'honore d'une réponse. — Les rapports
de Mère Sainte-Emilie avec les évêques de Saint-Brieuc. —
Son respect pour le prêtre. — Les œuvres catholiques. —
Mère Sainte-Emilie se pénètre dans les moindres détails de
l'esprit de l'Eglise. — Ses dévotions particulières. — Sa
compassion pour les âmes du purgatoire.

Il serait difficile d'exprimer l'amour profond et
tout filial que la Mère Sainte-Emilie avait voué à
la sainte Eglise romaine. L'exaltation de cette
épouse du Christ était l'objet des vœux les plus
ardents, des prières les plus ferventes de l'Ursuline.
Elle demandait à Dieu, pour toute la hiérarchie
ecclésiastique, les grâces de lumière et de force si
nécessaires à ceux qui combattent au premier rang
de l'Eglise militante, et répétait avec le Psalmiste :
« *Fiat pax in virtute tua et abundantia in turribus*
« *tuis.* »

L'Eglise de la terre ! c'est le Pape, le sacerdoce,
les œuvres catholiques.

Le Pape ! qui dira le dévouement sans bornes

que la Mère Sainte-Emilie avait pour le Saint-Siège !

Que de sacrifices elle offrit au ciel pour Pie IX, quand la main sacrilège du Piémont l'eut dépouillé du domaine temporel, créé jadis par l'épée de nos premiers Carlovingiens.

Heureuse d'exprimer au saint Pontife les sentiments qui se pressaient dans son âme, elle lui adressa, par l'entremise d'un zouave pontifical, la lettre qui suit :

« Très saint Père,

« Les Religieuses Ursulines de Quintin, déjà
« honorées par votre Sainteté d'une faveur in-
« signe (1), ne viennent pas en solliciter de nou-
« velles ; mais, le front dans la poussière, elles
« désirent, en union avec l'univers catholique,
« répandre en votre présence leur âme devant
« Dieu.

« Oui, Très Saint Père, nos cœurs sont abreu-
« vés d'amertume à la vue de cette mer d'affliction
« qui remplit si douloureusement le vôtre. La
« prière est notre arme et notre espoir, aussi est-
« elle continuelle, ainsi que celle des jeunes
« enfants que nous formons aux sciences et à la

(1) Une indulgence de 7 ans et 7 quarantaines à prier N.-D. des Sept-Douleurs.

« piété. Chaque jour, Marie, notre céleste Mère,
« entend nos vœux ardents pour le Pontife vénéré
« qui l'a proclamée pure et sans tache dans sa
« Conception.

« Nous vous supplions, Très Saint Père, d'agréer
« et de bénir la protestation, que nous faisons aux
« pieds de votre Sainteté, de notre fidélité invio-
« lable à l'Eglise notre Mère et à votre personne
« sacrée. Non, ni la persécution, ni l'exil, ni la
« mort ne pourront jamais, moyennant la divine
« grâce, nous séparer de la sainte Eglise et de son
« auguste Chef.

« Daignez, Très Saint Père, accorder à chacune
« de nous, votre paternelle bénédiction, et agréer
« l'hommage du profond respect de celles qui,
« pendant l'éternité entière, loueront le Seigneur
« d'avoir été du nombre de vos enfants et de
« votre Sainteté,

          « Très Saint Père,
       « les plus humbles servantes,

     « Mère Sainte-Emilie de Jaulin,
     « Mère Saint-François de Sales du Bois Péan,
     « Mère Saint-Stanislas le Bourgeois, etc. »

Quelques mois après, par une touchante condescendance, Pie IX adressait cette réponse au
monastère de Quintin.

A nos très chères filles en Jésus-Christ, Mère Sainte-Émilie et ses compagnes les Vierges Ursulines.

Nos très chères Filles en Jésus-Christ,
salut et bénédiction apostolique !

« Votre lettre, que nous avons reçue avec
« beaucoup de plaisir, nous montre les sentiments
« profondément imprimés dans vos cœurs, de
« piété, de foi, de dévouement et de respect pour
« notre suprême dignité. Nous avons senti que
« vos cœurs ont été transpercés à la vue des
« amertumes et des calamités qui sont venues
« fondre sur nous.

« Votre attachement au Saint-Siège nous a causé
« une grande consolation, et nous désirons, nos
« chères Filles en Jésus-Christ, que, pour obtenir
« au plus tôt de Dieu la paix et la tranquillité,
« vous persévériez dans la prière et les supplica-
« tions.

« Dans la grande tempête que nous essuyons,
« recourons à la protection de la toute-puissante
« Maîtresse du monde, de la Reine des cieux, de
« la Vierge Marie, Mère immaculée de Dieu. Nous
« conjurons de nos vœux les plus ardents et de
« nos prières les plus ferventes, le Seigneur tout-
« puissant de vous conserver toutes, nos chères
« Filles en Jésus-Christ, dans sa paix, vous pré-

« servant de tout péril de l'âme et du corps. Et
« nous désirons que la bénédiction apostolique,
« que nous vous accordons bien volontiers, nos
« très chères Filles en Jésus-Christ, avec toute
« l'effusion affectueuse de notre cœur paternel,
« vous devienne le présage d'un plus grand bien.
    « Donné à Rome, à Saint-Pierre, le 27ᵉ jour de
« juin 1860, de notre pontificat l'an 14ᵉ. »

La Mère Sainte-Emilie professait pour les évêques une vénération puisée dans l'esprit de foi et
les sentiments de la plus vive gratitude. Elle entourait leur personne d'un culte religieux, et leur
marquait son profond respect par l'obéissance la
plus entière. En retour, Nosseigneurs les Evêques
l'honorèrent de leur estime, nous pourrions dire
de leur confiance.

Ce qui suit en est peut-être une preuve.

Monseigneur Le Mée déjeûnait à la sacristie de
la chapelle. Pendant ce temps, la Mère Sainte-
Emilie s'entretenait à la grille avec le Secrétaire
de l'évêché. La conversation tomba sur le saint
office, les hymnes parisiennes, etc. Bien que la
Révérende Mère connût l'attachement de M. le
chanoine Rault pour les antiques usages de France,
au cours de l'entretien, elle lui dit avec une
grande liberté : « Pour moi, je suis Romaine dans
« l'âme, et je mourrai Romaine. La foi sans les

6

« œuvres est une foi morte ; de quelle manière
« prouvera-t-on son attachement à l'Eglise, si ce
« n'est par la récitation du bréviaire comme elle
« la prescrit, et par l'exacte observation des céré-
« monies qu'elle ordonne ? »

L'évêque gardait le silence ; mais quinze jours
plus tard, il faisait des démarches pour connaître
les intentions du Saint-Siège à ce sujet. La même
année, le diocèse de Saint-Brieuc abandonnait les
derniers vestiges de ses privilèges gallicans. Ce fut
une indicible joie pour la Mère Sainte-Emilie.

Elle désirait, avec non moins d'ardeur, faire
célébrer dans son monastère les fêtes supprimées
par le Concordat. Monseigneur David le lui permit
volontiers, disant : « Il serait à souhaiter, ma chère
« fille, que toute la France revînt à la piété des
« anciens jours. »

A partir de ce moment, une nouvelle bénédiction s'attacha aux œuvres de l'Ursuline : « *J'agis
envers les âmes, comme les âmes agissent envers
moi* (1). » La créature offre à son Dieu un tribut
plus entier d'adoration, et Dieu répand sur elle des
grâces surabondantes.

Nous venons d'évoquer le souvenir de Monseigneur David. Plus encore que ses prédécesseurs, il
eut pour la Mère Sainte-Emilie une estime sin-

______

(1) Paroles de Notre-Seigneur à sainte Thérèse.

gulière : « Elle a le cœur d'une femme, disait-il, et la tête d'un homme ; de plus, c'est une sainte. » Aussi le bon évêque aimait l'entretenir et lui prodiguer les marques de son affection paternelle. La digne Supérieure en était profondément touchée, et dans sa gratitude, elle écrivait les lignes suivantes :

« J'ai ressenti tant de fois les effets de la bonté et
« du zèle de Monseigneur David pour le bien de
« notre monastère, que je lui en conserverai de
« la reconnaissance jusque dans l'éternité. Et moi,
« en particulier, que ne lui dois-je pas !..... »

Jamais, en effet, l'ombre d'un nuage ne s'éleva dans ses relations avec son évêque. Elle recourait à lui en toutes circonstances, comme au mandataire de Jésus-Christ.

Cependant elle ne put, lors du Concile du Vatican, partager les pensées du pontife, touchant la grave question de l'Infaillibilité. Le prince de l'Eglise se prononçait contre ; il avait le droit de discuter : il était juge.

Avant son départ pour la ville éternelle, il entretint la Mère Sainte-Emilie de la controverse du jour. Sans émettre un jugement contraire, celle-ci répartit avec un air d'apparente bonhomie :

« Que fait-on, Monseigneur, quand on est ignorant !
« Depuis plus de quarante ans que j'enseigne le
« catéchisme, je n'ai jamais cessé de dire : « Le
« Pape est infaillible ! »

« Les vues de l'homme sont toujours courtes
« par quelque endroit, a dit un moraliste, et
« Monseigneur David, dont le dévouement à
« l'Eglise ne saurait être contesté, se trompa sur
« ce point essentiel. Mais, hâtons-nous de le dire,
« il accomplit sa soumission avec une humilité
« profonde et une docilité toute filiale (1). »
Quant à la Révérende Mère, elle éprouva un
grand bonheur lorsque fut promulgué le dogme
dont Dieu lui avait, en quelque sorte, donné
l'intelligence.

A sa vénération pour l'évêque, elle joignait le
respect le plus entier pour le prêtre, envisagé surtout comme ministre du sacrement de pénitence.
Elle voulait qu'on vît Dieu en lui ; et, de peur
que cet esprit de foi ne vînt à s'altérer, tout
entretien sur cet article était banni des récréations. Si l'on s'oubliait à cet égard : « Vous avez
« peu l'esprit surnaturel, ma fille, disait-elle ;
« songez-y sérieusement. »

La même recommandation était adressée aux
Enfants de Marie : « Surtout, Mesdames, ne parlez
« ni de confesseur ni de confession ; laissez ces
« discours aux fausses dévotes qui n'ont rien de

(1) Oraison funèbre de Mgr Augustin David par M. l'abbé
Dubourg, archidiacre de Saint-Brieuc, aujourd'hui évêque de
Moulins.

« mieux à faire. » Elle voulait aussi qu'on modérât l'affliction légitime que cause la perte d'un guide expérimenté, ce qui ne l'empêchait pas de regarder comme un don de Dieu la direction d'un saint prêtre. Ecoutons ce qu'elle écrit à une amie : « Le bon Dieu vous traite en âme généreuse puis-« qu'il vous demande des sacrifices. Il vient de « vous ôter le directeur qui possédait votre confiance ; « je sais combien il est difficile de réparer des « pertes de ce genre, mais le divin Maître veut « vous faire comprendre qu'il est le seul ami qui « ne vous manquera jamais, quand même tous les « autres vous feraient défaut. »

La Mère Sainte-Emilie rappelait que le confesseur reçoit des lumières toutes spéciales pour les âmes qui lui sont confiées : « *Qui vous écoute m'écoute, qui vous méprise me méprise,* » a dit Jésus-Christ. Elle aimait citer la réponse de Pie IX à une jeune fille qui le consultait au sujet de sa vocation : « Mon enfant, pour connaître les desseins de Dieu, adressez-vous à votre confesseur ordinaire. »

Toutefois, elle eut elle-même un moment de doute, dans une circonstance où la jeunesse de l'aumônier ne lui inspirait pas pleine confiance. Elle recourut donc à divers théologiens, mais aucun d'eux ne la satisfit entièrement. Revenant alors en toute simplicité à M. l'abbé Gancel, elle en reçut une réponse décisive, appuyée sur un fait de l'Ancien Testament. Ce fut un trait de lumière qu'elle n'oublia jamais.

Les œuvres catholiques manifestent et alimentent la vie de l'Eglise. Mère Sainte-Emilie leur prêta son concours dévoué. La Sainte-Enfance prospéra sous son impulsion ; et cependant eut-elle, quelque part, de plus humbles débuts ? Un sac de dragées fit les honneurs de la première loterie établie au pensionnat. Mais que ne peut un zèle industrieux ! Secondée par d'infatigables auxiliaires, Mère Sainte-Emilie vit la loterie prendre de telles proportions qu'elle rapporta de six à sept cents francs chaque année.

Le denier de Saint-Pierre, la Propagation de la Foi, les Séminaires la trouvèrent aussi constamment prête à des sacrifices.

Ces œuvres lui offraient un moyen facile et sûr d'ouvrir aux âmes l'entrée du ciel ; comment eût-elle pu leur fermer son cœur, tout brûlant de la gloire de Dieu ?

Et les fêtes de l'Eglise, comme elle les aimait ! celle de la Toussaint lui était particulièrement chère. L'union de l'Eglise triomphante, de l'Eglise souffrante et de l'Eglise militante la faisait tressaillir de bonheur. Elle rendait grâce au Père éternel de la gloire qu'Il a départie à la sainte humanité de Notre-Seigneur, offrait ses pieux hommages à la Reine des Cieux, la priant de se considérer comme première Supérieure du monastère. Puis, parcourant les différentes hiérarchies des bienheureux, elle les congratulait de leur triomphe, et adressait à ses saints de prédilection un souvenir reconnaissant. C'était saint Joseph, saint Jean l'Evangéliste, saint Augustin, sainte Angèle, sainte Ursule, la vénérable Mère de l'Incarnation, Ursuline, et d'autres encore dont les noms reviendront sous notre plume.

Dans le chœur des Vierges, elle entrevoyait les Religieuses qu'elle avait connues et aimées ; elles lui paraissaient des fleurs embaumées dans le jardin de l'Epoux. On remarquait sa ferveur sensible au chant de l'antienne : *Angeli, Archangeli :* « *Anges et Archanges, Chérubins et Séraphins, saints Patriarches et Prophètes, Martyrs, Confesseurs et saintes Vierges, intercédez tous pour nous.* » Cette fête était un stimulant à sa vertu, elle augmentait aussi son désir de rejoindre la sainte phalange qui l'avait devancée. « Je mets au nombre des joies « du ciel, écrivait-elle, de retrouver les personnes « que j'aurai aimées sur la terre ; je ne puis « exprimer ce que cette pensée me fait ressentir « de consolation. »

« Il y a une grâce spéciale, disait-elle encore, à « rester dans l'esprit de l'Eglise au moment où « elle célèbre ses divins mystères. La succession des « solennités de l'année liturgique apporte à l'âme

« fidèle des lumières qui l'initient, dès ici-bas, à
« la vie du ciel. »

Une Sœur lui demandait si, aux jours de grandes
fêtes où la table est moins frugalement servie, on
peut se priver des adoucissements accordés : « Pas
« habituellement, lui fut-il répondu ; ne voyons-
« nous pas, dans la vie des Pères du désert, qu'à la
« solennité de Pâques ils faisaient usage de vin ?
« Et nous lisons dans la vie de saint **Nonus**,
« qu'en réjouissance de la conversion de Pélagie,
« la célèbre pénitente, il dit à son diacre d'apprêter
« à l'huile le repas de ce jour-là. »

On le voit, Mère Sainte-Émilie se pénétrait
dans les moindres détails des pensées de l'Eglise.
Une âme ainsi orientée peut-elle avoir d'autre
conseiller que l'Esprit-Saint ? Elle aimait, en effet,
à le considérer comme le divin Pourvoyeur qui
répandait sur elle sa grâce, ses dons, ses fruits ;
elle eût souhaité qu'on l'invoquât sans cesse.
« Nous le regardons, disait-elle, comme inacces-
« sible à notre nature, et cependant n'est-il pas
« notre guide ? N'est-ce pas lui qui console nos
« peines, qui dissipe nos doutes et qui nous aide
« à supporter l'exil ? »

Que dire de son amour pour les Sacrés Cœurs
de Jésus et de Marie ? Elle avait coutume de
leur recommander ses novices et ses religieuses,
comme elle recommandait ses enfants à saint

Joseph. Ce glorieux patriarche avait pour mission d'aller çà et là les chercher en grand nombre, et de leur inspirer l'esprit de docilité indispensable pour en faire des femmes chrétiennes dans toute l'acception du mot.

Et, réunissant dans un même hommage les personnes sacrées de la sainte Famille, elle bénissait la Mère Anne de la Conception, fondatrice du monastère, de l'avoir placé sous leur vocable. Pour proclamer hautement sa dévotion et son amour, elle fit graver sur les façades du pensionnat et du chœur, les saints noms de Jésus, Marie, Joseph, Joachim et Anne.

Dès sa jeunesse, la Mère Sainte-Emilie avait été grande admiratrice de la suréminente sainteté de François d'Assise. Cette dévotion s'accrut encore quand l'expérience de la vie claustrale, la pratique quotidienne de l'oraison, lui eurent montré les avantages de la pauvreté et de la mortification évangéliques.

Saint Roch occupait aussi une place de choix dans les affections de la servante de Dieu. Elle lui attribuait la préservation de sa communauté en 1832, alors que le choléra emportait des familles entières à Quintin.

L'Evangile annonce que plusieurs se réjouiront à la naissance de saint Jean-Baptiste. Le 23 juin, au soir, au chant de l'hymne *Ut queant laxis resonare fibris*, religieuses et élèves se rendaient dans la prairie du couvent, où un bûcher était dressé. La Supérieure allumait le feu de joie, et le *Te Deum* résonnait dans les airs, portant au loin les accents de l'allégresse. Pendant le *Benedictus*, on se groupait autour de la statue de saint *Jean de la Fontaine ;* on recommandait au Précurseur toutes les grandes causes : la sainte Eglise, le diocèse, les ordres religieux.

Monseigneur David, qui aimait cette simplicité dans les démonstrations de la foi, daigna présider plusieurs années cette fête, en lui laissant un caractère tout intime. « Monseigneur, écrit la Mère « Sainte-Emilie, s'est uni à nous pour cette céré- « monie, qu'il trouve pieuse et charmante. Sa « Grandeur a béni le bûcher et récité les prières « accoutumées. Sa belle voix et sa piété excitaient « l'ardeur de tous. »

L'amour que Mère Sainte-Emilie avait pour les saints la portait à entourer d'une extrême vénération leurs restes sacrés. « J'aime tant les « reliques, disait-elle, qu'il me semble que les « autres doivent en être aussi envieux que moi. » Elle croyait ne pouvoir donner une plus haute marque de son amitié qu'en partageant ses trésors avec les personnes qu'elle affectionnait. « Je ne « suis plus une novice, écrit-elle, mais une vieille « religieuse ; aussi, en cette qualité, je ne puis

« vous offrir qu'un tout petit objet aux yeux du
« monde, mais qui sera apprécié de mes enfants
« dont la piété m'est connue. Il s'agit pour vous,
« ma fille, d'une relique de sainte Angèle ; je sais
« la dévotion que vous avez pour votre sainte
« patronne si vénérée de votre mère. J'espère que
« vous ne vous séparerez jamais de la relique que
« je vous envoie, et qu'elle restera dans votre
« famille, où elle sera mieux gardée qu'un bijou de
« valeur. Je vous adresse l'acte authentique qui
« vous permettra de la faire exposer. »

Outre les reliques de la Couronne d'épines et
de la vraie Croix, la communauté de Quintin
possède un fil de la ceinture de la Vierge. De
toutes parts, on demandait à notre Mère des
rubans bénits, devenus miraculeux par leur contact
avec la sainte relique. Rien n'égalait sa promptitude
à répondre à ces demandes.

Monseigneur David, qui connaissait les attraits
de Mère Sainte-Emilie, ne revenait jamais de Rome
sans augmenter le trésor du monastère. Il devint
certainement un des plus riches de la contrée. Pour
rendre aux restes saints les honneurs qui leur sont
dus, la Révérende Mère fit élever dans la salle
capitulaire un autel, où la majeure partie des reliques furent enchâssées dans des sculptures en
forme de rosaces. Ce lieu devint ainsi un véritable sanctuaire, une sorte de catacombes. C'était

là qu'on transportait les religieuses aussitôt après leur décès, là aussi que se faisaient l'ensevelissement et la mise en bière. Et, parcourant les stations qui entourent ces murs bénis, les sœurs de la défunte en appelaient aux saints, pour lui obtenir l'application du sang de Jésus-Christ.

Les âmes du Purgatoire étaient bien chères à Mère Sainte-Émilie ; son cœur était sensiblement touché de leurs maux ; en toute circonstance, elle se faisait leur avocate. « Lorsque je vous annonce le « décès de quelques personnes, écrivait-elle à une « de ses élèves, je vous demande par là-même une « prière pour des âmes dont je désire ardemment « le bonheur éternel. Offrez donc à leur intention « l'audition d'une messe, une communion, un « chemin de croix ou même la plus courte orai- « son jaculatoire. Oui, donnez, donnez à ces « âmes souffrantes ; ouvrez-leur les portes du « ciel. »

Le 30 octobre 1889, pour des enfants qui pleuraient une mère, elle traçait ces lignes : « Dans « votre pénible sacrifice, mes chères enfants, donnez « à votre digne mère les larmes qui lui sont dues, « mais n'oubliez pas de remercier le bon Dieu des « grâces qu'il lui a faites. Elle se présente à lui les « mains pleines de bonnes œuvres et secourue par « les mérites infinis de son Sauveur. Le bon « Jésus l'appelle au moment où la chrétienté

« a les yeux élevés vers le ciel, en faveur des
« âmes qui ont quitté cette terre d'exil. O mes
« enfants, tournez vos regards vers la patrie, vous
« y verrez celle que vous pleurez intercédant pour
« vous près de Dieu. »

Les moindres détails du culte des morts étaient
pour la Mère Sainte-Émilie pleins de sens mystique :
« Le son des cloches, les chants, les cérémonies
« funèbres, disait-elle, glorifient Dieu et fléchissent
« sa justice. »

Jamais, devant une inspiration motivée, elle ne
refusa de faire célébrer la sainte messe pour les
âmes du purgatoire. Son dévouement alla plus
loin et la porta à des sacrifices presque héroïques.

Le fait suivant le prouvera d'une manière saisissante ; nous nous abstenons de juger de son caractère surnaturel.

Un officier de cavalerie se présente un soir
dans sa cellule. Il était en proie à des souffrances
inexprimables ; un torrent de feu descendait sur
sa tête. — « Oh ! que je souffre !... Voulez-
« vous, ma Révérende Mère, m'aider à faire mon
« purgatoire ? » Interdite et profondément émue,
la Mère Sainte-Émilie hésite un moment ; puis
embrassant l'étendue des tourments qu'elle entre-
voit, elle répond d'une voix tremblante : « Je le
« veux bien. »

Dès lors, elle fut accablée de peines extrêmes, et

sa tristesse avait quelque chose de si extraordi-naire, qu'on se demandait avec anxiété quelles en seraient les suites.

Quelques jours après ce que nous venons de raconter, une religieuse apprenait que son frère était mort subitement à deux cents lieues de sa famille, privé des secours de la religion. Dans son angoisse, elle ne voulait recevoir aucune consola-tion, ce qui porta Mère Emilie à lui révéler comment le défunt était venu solliciter ses suffrages. Madame D***, veuve de l'officier, ignorait ceci, lorsqu'une de ses amies, qui se rendait à Ars, lui proposa de consulter le Thaumaturge d'alors. M. Vianney écouta le récit qui lui fut fait et répondit : « Dites à la jeune veuve qu'elle ait pleine confiance ; son mari a été l'objet d'une grande miséricorde ! »

Voici une autre circonstance où nous laissons la parole à Mère Sainte-Emilie. « Pendant plusieurs « nuits consécutives, j'entendis un bruit insolite « et je sentis quelqu'un s'approcher de moi. « J'aurais voulu connaître le mystérieux person-« nage, mais toujours il m'échappait ; je pris le « parti de veiller et d'attendre. L'ombre apparut ; « mais comme elle s'esquivait encore, je la suivis « dans l'appartement voisin. Je reconnus Mère « Cécile, ma sœur de noviciat, qui avait quitté « le monastère peu après ma première élection.

« Etendue à terre, elle semblait en proie à de
« grandes tortures. « Puis-je quelque chose pour
« vous, lui dis-je ? » — Je n'eus pour réponse
« que des gémissements. Pendant trois jours on
« célébra le saint sacrifice pour le repos de cette
« âme, que je n'ai jamais revue.

« J'appris depuis que Mère Cécile était morte
« peu auparavant dans une petite ville des Côtes-
« du-Nord, où elle se dévouait à l'éducation de
« l'enfance. »

CHAPITRE XI

Congrégation de Notre-Dame instituée à l'origine du monastère de Quintin. En 1784, le siège de la Confrérie est transféré chez les Religieuses Hospitalières. — Mère Sainte-Emilie rétablit, au profit des anciennes élèves et des enfants du Pensionnat, cette congrégation qu'elle nomme des Enfants de Marie. — Son pieux projet est traversé. — Erection d'une chapelle. — Première consécration à Marie. — Conseils de Mère Sainte-Emilie aux congréganistes. — Institution de la Congrégation des Saints-Anges. — Archiconfrérie de Sainte-Angèle. — Œuvres des retraites. — Conseils de Mère Sainte-Emilie à des aspirantes.

En instituant son Ordre, sainte Angèle Mérici s'était proposé de répandre ses filles à travers le monde pour rendre à la famille la foi, la religion, la pureté des mœurs, que le protestantisme voulait lui ravir.

Saint Charles-Borromée, qui se fit le père et le protecteur de la pieuse Compagnie de Sainte-Ursule, imprima à tout l'Ordre « le cachet de ses grandes pensées et de sa profonde expérience des âmes. » Il obtint des Sœurs qu'elles demeurassent ensemble, pratiquant des observances uniformes, et qu'elles se liassent par les trois vœux de religion. La clôture mitigée qu'il leur imposa devint bientôt pleine et entière, lorsque le nouvel Institut, ayant passé les monts, s'implanta sur le sol français, où l'on ne comprenait pas autrement la vie religieuse.

Retranchées derrière leurs grilles, les Ursulines devaient uniquement se consacrer à l'instruction de l'enfance, à l'exclusion presque totale des œuvres extérieures prescrites par leur fondatrice.

Beaucoup de monastères songèrent alors à former une sorte de tiers-ordre, dont les membres leur deviendraient, au dehors, des auxiliaires et des suppléantes.

De là, l'établissement de la congrégation des *Dames de la ville,* dont nous trouvons les statuts dans des règles imprimées en 1683.

Ces pages, si belles dans leur simplicité, sont empruntées aux pieux *legs* d'Angèle Mérici à ses filles. Le salut des âmes par les instructions et le bon exemple, la visite des malades dans les hôpitaux et les prisons ; en un mot tous les exercices d'hospitalité et de miséricorde, tels sont les principaux devoirs des Congréganistes.

Fidèle à ces traditions de famille, la deuxième Supérieure du monastère de Quintin, la Révérende Mère Marie de l'Incarnation du Louët, se hâta d'instituer la *Congrégation.*

Pour cet effet, elle pria les Ursulines de Quimperlé de lui céder une religieuse capable de diriger l'association naissante. La Mère Sainte-Rose Brochereuil fut députée.

Cette confrérie compta bientôt plus de quatre cents membres. Elle avait sa chapelle particulière dans l'enceinte de la clôture; là se tenaient les réunions hebdomadaires où chacune recevait sa mission, après avoir rendu compte des travaux précédemment confiés.

Dieu bénissait visiblement cette œuvre qui produisait des fruits merveilleux, lorsque, en 1784, à la suite d'un incident qui révèle l'humaine nature, le directeur, nommé aumônier de l'hospice, y transféra le siège de la Congrégation. Il y eut bien, pendant quelque temps, comme deux branches sorties d'un même tronc, mais finalement les Ursulines cédèrent pour le bien de la paix.

Puis vint la Révolution qui dispersa pasteur et troupeau. Ce fut seulement dans la première moitié du siècle que M. l'abbé Dubois Saint-Séverin réorganisa les pieuses assemblées, et leur donna les statuts qui les régissent aujourd'hui.

La Mère Sainte-Emilie regardait sans envie cet héritage de famille passé en d'autres mains, mais dans le but de faire fleurir l'esprit de piété parmi ses élèves, et de leur continuer dans le monde les leçons de vertu inculquées au pensionnat, elle songea à rétablir, à leur profit, la *congrégation*, qu'on nommerait des Enfants de Marie.

Rien ne semblait plus louable, et cependant le zèle de l'Ursuline fut traversé. On trouvait le projet inopportun ; on critiquait l'emplacement et les proportions de la chapelle qu'elle voulait édifier. Le curé de la paroisse essaya de la déconcerter par mille objections spécieuses, pendant que Monseigneur Le Mée, ordinairement si bienveillant, lui refusait son approbation.

Rien ne rebuta la Mère Sainte-Emilie : « Je n'ai « qu'un mobile, répondit-elle en toutes circons- « tances, entretenir nos élèves dans la foi solide, « la piété bien comprise, et les porter à la pratique « des vertus que l'Eglise, la société, la famille ont le « droit d'en attendre. Mon projet ne saurait nuire « à la congrégation de la ville, qui ne comprend « plus la classe que je veux atteindre. » Puis, apprenant l'influence occulte que subissait Monseigneur Le Mée, elle entreprit de se faire un protecteur de celui qui entravait son dessein. Elle écrivit donc à ce dernier, lui confia son embarras, l'assurant qu'elle comptait sur son crédit pour lui rendre Sa Grandeur favorable. Cette démarche eut un plein succès.

Quand les lettres d'approbation arrivèrent de l'évêché, le bon curé s'avoua vaincu, lui aussi ; il cessa la lutte en disant : « Je ne sais pourquoi je traversais une œuvre qui peut produire tant de bien ; sans doute le démon, qui redoute la puissance de la Vierge Immaculée, parlait par ma bouche. »

Mais, de nouvelles difficultés surgirent pour affilier cette congrégation à celle de Rome établie au collège des Jésuites. La Mère Sainte-Émilie eut recours aux Révérends Pères Liot et Hervian, qui voulurent bien appuyer sa demande, et le Révérend Père Roathaan, leur général, accorda l'affiliation tant désirée.

Enfin, en 1851, un dévot oratoire, élevé près de la chapelle extérieure, permettait de réunir aux Enfants de Marie du pensionnat celles qui, disséminées dans le monde, s'estimaient heureuses d'assister de temps à autre aux réunions.

Huit jeunes filles furent les prémices offertes à la Reine du ciel. Dans leur bonheur, elles consignèrent aux archives de la société les lignes suivantes : « Qu'il nous soit permis d'exprimer ici « la reconnaissance que nous devons à la Mère « Sainte-Émilie. Elle nous a procuré le titre qui « fait notre joie et notre espérance, et le sanctuaire « béni où nous offrons nos vœux à la Vierge « Marie.

« Enfants de Marie de ce monastère, quand « vous lirez les annales de notre Congrégation, « offrez à Dieu une fervente prière pour sa fonda- « trice, pour ceux qui lui ont prêté leur appui,

« et pour les religieuses qui l'ont secondée dans
« l'accomplissement de son œuvre. »

Des réunions intimes avaient lieu chaque mois.
La Mère Sainte-Emilie entretenait ses enfants des
vertus qui devaient les caractériser. Elle les encourageait dans l'accomplissement de leurs devoirs, et
les excitait à entretenir des relations d'amitié qui
feraient leur consolation au jour de l'épreuve.

Dans des assemblées plus familières, on travaillait en commun pour les pauvres, écoutant une
lecture pieuse ou échangeant des propos édifiants.

Enfin chaque année, la fête de l'Immaculée-
Conception rassemblait les Enfants de Marie.
Quelle que fût la rigueur de la température, elles
accouraient de toute la région pour rendre à leur
Mère du ciel l'hommage de leur filial amour.
Après la sainte messe, elles se réunissaient pour
constater les progrès de l'œuvre, prendre des
mesures conformes aux intérêts généraux, et lire
les lettres par lesquelles les absentes s'associaient à
leurs sœurs. La Mère Sainte-Emilie n'avait ce jour-
là d'autre souci que d'être entièrement à ses enfants
de prédilection, et son cœur, plein de bonté, trouvait pour chacune le mot réconfortant. Elle regardait comme essentiel la pratique du règlement et,
de vive voix comme par lettre, y exhortait les
congréganistes : « Vous êtes plaisante, ma chère
« enfant, écrit-elle, de me dire que vous remplissez

« tous vos devoirs, moins la méditation ; mais c'est
« justement votre principal exercice, et, quoi-
« qu'il y ait des jours où vous en trouvez diffici-
« lement le temps, l'omission doit en être très
« rare, encore moins habituelle. O ma fille, que
« nous avons besoin de nous entretenir avec Dieu
« et de puiser en lui la lumière, la confiance, la
« résignation dans nos si fréquentes tribulations ! »

Mère Sainte-Emilie entre dans les plus minutieux
détails pour initier une de ses enfants au combat
spirituel. « Je veux, ma fille, vous parler de votre
« examen particulier. D'abord, pour le bien faire,
« il ne faut pas vous imaginer que vous le faites
« mal. Vous voulez acquérir l'égalité d'humeur ?
« vos saillies de caractère n'arrivent, sans doute,
« qu'à l'occasion de quelque contrariété et pas-
« sent avec elle. Si la contrariété dure un certain
« temps, voyez, si par suite, vous n'avez pas
« manqué de rendre un service, si vous n'avez
« pas gardé un silence affecté, par mécontentement
« ou ressentiment. Pour soulager votre mémoire,
« dans cette vigilance sur vous-même, ayez une
« marque quelconque, à laquelle vous recourrez
« au moment de l'examen. »

Dans une autre circonstance, la Mère Sainte-
Emilie écrivait à Elisa B*** : « Que vous dirai-je
« à vous, mon enfant, sinon d'être douce et indul-
« gente pour la pauvre Elisa ; ne soyez point

« exigeante envers elle ; voyez ses défauts tranquil-
« lement, aidez-la avec bonté et constance à se
« relever de ses chutes. Si elle est froide, menez-
« la au feu ; si le feu ne se fait pas sentir
« d'une manière sensible, n'en veuillez pas à cette
« pauvre enfant. Exigez qu'elle remplisse ses
« devoirs, mais non pas de la manière que vous
« appelez bien.

« Je vous défends de tourmenter mon Elisa,
« et si j'apprends à la retraite que vous l'avez
« rudoyée, vous vous en repentirez : je ne prierai
« plus pour vous. »

Plus tard, elle écrivait à la même : « Je suis
« toute fière de trouver une fille raisonnable qui
« juge sainement des choses. Je ne reconnais plus
« la pusillanimité et les petitesses que je combat-
« tais dans ma chère enfant. Elle voit beaucoup
« mieux, et en plus grand nombre, les défauts qui
« sont dans son âme, et elle ne s'en effraye pas.
« Elle pense avec raison qu'elle a plus de lumières
« et qu'elle doit en profiter, non pour se décou-
« rager, mais pour s'humilier. Voilà une fille chré-
« tienne, éclairée, solidement vertueuse, et qui n'a
« plus de travers dans sa piété. »

Ecoutons encore la Mère Sainte-Émilie porter
une congréganiste à la confiance : « O ma chère
« enfant, que votre dernière lettre m'a procuré de
« douces émotions ! Dans vos inquiétudes souvent

« exagérées, rappelez-vous ces joies si pures, ces
« instants sans pareils dont vous évoquez le sou-
« venir. Demandez-vous s'il est possible qu'un
« Dieu, qui dès votre plus petite enfance, vous a
« témoigné tant d'amour, puisse vous délaisser :
« son cœur si aimant pourrait-il se glacer pour
« l'enfant de sa tendresse ? Vous avez des faiblesses
« à déplorer..... C'est le triste sort des enfants
« d'Adam, durant leur exil. Armez-vous donc de
« courage pour le combat ; et plus de crainte, mais
« joie, espérance et bonheur. »

De semblables lettres entretenaient un courant
de ferveur dans la petite société, qui eut son âge
d'or sous la maternelle et vigoureuse direction de
la Mère Sainte-Émilie.

Cette congrégation des Enfants de Marie ne comprenait pas les jeunes filles au-dessous de 16 ans.
Or, la lutte contre les passions commence avant cet
âge, et l'âme suit facilement la pente qu'on lui
imprime. Douze ans ! âge mystérieux où le cœur
s'ouvre aux grandes pensées, aux généreux desseins,
où le Maître fait souvent entendre son premier appel.

La Mère Sainte-Émilie crut ne pouvoir mieux
placer les débuts de l'adolescence que sous la garde
des Anges. L'approbation épiscopale lui fut accordée
pour une congrégation placée sous leur vocable.
Dès le début, une quinzaine d'aspirantes entourèrent
leur pieuse directrice dans la chapelle de Notre-

Dame des Sept-Douleurs, où se faisaient les réunions. Il était facile à la Mère Sainte-Emilie de communiquer à son auditoire sa profonde dévotion pour les Esprits bienheureux : la bouche parle de l'abondance du cœur. Elle leur montrait saint Michel comme le protecteur de l'Eglise, après l'avoir été de la Synagogue. « Invoquez-le fréquemment, disait-« elle, afin qu'il vous protège à la mort ; c'est lui qui « présentera votre âme au tribunal de Dieu. » La doctrine de M. l'abbé Boudon, archidiacre d'Evreux, touchant les saints Anges, faisait le fond de ses instructions. Elle avait puisé dans la lecture de cet auteur des connaissances à la fois solides et consolantes, dont elle aimait à entretenir les âmes.

Une demi-heure de méditation avait été demandée aux Enfants de Marie ; un quart d'heure seulement fut imposé aux congréganistes des Saints Anges.

D'ailleurs, les statuts de cette Congrégation furent calqués sur ceux de la précédente, et le jour de la consécration procurait à l'heureuse élue des joies qui l'initiaient à celles qu'elle goûterait plus tard au pied de l'autel de Marie.

Un cantique fut consacré à cette pieuse cérémonie, et au chant de ces paroles :

> « Ah ! si jamais le Dieu des Anges
> Sur mon front met des cheveux blancs,
> Partout pour chanter leurs louanges
> Je réunirai les enfants. »

6*

la Mère Sainte-Emilie tressaillait de bonheur, renouvelant aux célestes intelligences la protestation de les faire connaître, aimer et servir jusqu'à la fin de sa carrière.

Là ne devait pas se borner le zèle de la pieuse Mère. Une troisième congrégation, celle de l'Enfant-Jésus, fut établie, en 1866, pour les petites élèves. Chaque dimanche, elle conduisait son innocent troupeau dans le plus ancien bâtiment du monastère ; on traversait les escaliers et les dortoirs à pas de loup pour ne pas troubler le silence religieux, puis on pénétrait dans une cellule transformée en oratoire et là, aux pieds de Jésus enfant, on écoutait les conseils de la maîtresse.

« Savez-vous, écrit Mère Sainte-Emilie, que je
« suis chargée de toutes les congrégations. J'ai dans
« ma clientèle des personnes de toutes sortes ; les
« unes marchent résolument vers la perfection,
« d'autres s'y traînent comme elles peuvent ; enfin
« les petites filles de l'Enfant Jésus s'étudient à
« être sages tout en restant bien espiègles ; elles
« postuleront longtemps. »

Très attachée aux externes qui avaient reçu, on s'en souvient, les prémices de son apostolat, la Mère Sainte-Emilie réunit les jeunes filles décidées à se porter au bien, dans la congrégation de Sainte-Angèle, qu'elle fit dériver de l'Archiconfrérie établie chez les Ursulines de Blois. Il serait difficile de calculer le bien qui en résulta. Ces jeunes ouvrières, pieusement avides de profiter des leçons de la vénérée Mère, se rendaient fidèlement aux réunions et rapportaient à leur famille une part du talent reçu.

Cinq d'entre les premières apprirent si bien ce que c'est qu'aimer Dieu, qu'elles quittèrent, elles aussi, *leur barque et leurs filets*, et se vouèrent au Christ dans la vie religieuse.

Il est une œuvre qui semble le complément des congrégations, nous voulons parler des retraites.

En effet, il ne suffit pas de grouper des âmes de bonne volonté, de leur montrer la voie, de leur en découvrir les écueils, il faut compter sur la nature humaine avec ses défaillances, et lui répéter les paroles du Sauveur : « *Venez à moi, vous tous qui souffrez et qui êtes fatigués, et je vous referai.* »

Au premier appel de la Mère Sainte-Emilie, ses anciennes élèves étaient accourues nombreuses : l'offre était séduisante. Elles allaient revoir le monastère témoin des ébats de leur enfance, la chapelle où, pour la première fois, elles avaient reçu leur Dieu, retrouver les maîtresses qui les avaient formées à la vertu. Elles allaient pendant quelques jours vivre de la vie du cloître, après avoir connu peut-être les orages, les sollicitudes, les déceptions de la vie.

Quelques années d'essai suffirent pour assurer

l'avenir de l'œuvre, et la Mère Sainte-Emilie, qui avait d'abord réuni les nouvelles retraitantes à celles du pensionnat, put les recruter en assez grand nombre, pour leur procurer des instructions spéciales. La direction des saints Exercices fut invariablement confiée aux Révérends Pères Jésuites.

Les jeunes filles et les dames admises dans la clôture se soumirent au règlement adopté pour lors, et la Mère Sainte-Emilie eut à se féliciter de cette innovation, si féconde en saints résultats.

A combien, en effet, dut être profitable cette halte au pied du Tabernacle ! Les plaisirs, les préoccupations du monde étouffent souvent la voix de la grâce ; mais dans le calme, dans la méditation des fins dernières, les volontés chancelantes se fortifient, les velléités du bien se changent en résolutions inébranlables.

Au début des saints Exercices, la Mère Sainte-Emilie exhortait vivement à ne point perdre une parcelle des grâces divines. Ses avis étaient écoutés et habituellement suivis. « Voilà la retraite qui « touche à sa fin, écrit-elle, le règlement a été si « ponctuellement observé, le silence si bien gardé, « que la communauté en était édifiée. Tous les « âges de la vie étaient représentés dans notre « réunion, et ces dames étaient si unies qu'on eût « dit les membres d'une même famille. Quoique

« les récréations fussent animées, je n'ai pas vu de
« retraite plus tranquille. »

Avec un abandon plein de simplicité, la Révérende Mère s'épanchait dans des conférences familières. Son expérience de la vie rendait ses conseils
utiles, non seulement à la jeunesse, mais à plus
d'une mère de famille.

Pleine de respect pour les âmes, jamais elle ne
provoqua de confidence ; toutefois elle ne refusait
pas de guider celles qui cherchaient sous sa direction à découvrir le secret de leur voie.

La prière, un généreux abandon à la volonté de
Dieu étaient alors recommandés par Mère Sainte-
Emilie ; et la lumière faite, il n'était point de considération humaine qui fît changer d'avis l'habile
directrice. C'est ainsi qu'elle conseilla le mariage à
une jeune fille qui, pendant de longues années,
avait désiré se consacrer à Dieu. Il fallait qu'une
pareille décision fût pesée au poids du sanctuaire,
car avec quel bonheur notre Mère eût reçu l'héri-
tière d'une maison qui, depuis un siècle et demi,
avait donné, presque sans interruption, des religieuses à sa communauté.

La générosité dans le sacrifice semble un des traits
distinctifs de toute vocation religieuse : « *Si vous
voulez être parfait,* a dit Jésus-Christ, *vendez votre
bien et suivez-moi.* » Et encore : « *Celui qui aime son
père et sa mère plus que moi n'est pas digne de moi.* »

Lorsque la Mère Sainte-Emilie ne rencontrait pas une certaine force pour briser les liens de la chair et du sang, elle craignait qu'on ne pût supporter les épreuves du cloître. Ce n'est pas qu'elle ne comprît les états d'âme où l'appel de Dieu est reçu sans entrain, avec quelque dégoût même ; mais alors elle voulait trouver une volonté décidée à combattre les vaines terreurs de l'imagination et les répugnances de la nature.

Une âme timide reçut les lignes suivantes : « Je vois, chère enfant, que l'ennemi de tout bien, « ne pouvant vous faire abandonner votre vocation, « y met au moins des retards et des entraves. Il « entretient en vous une indécision qui trouble plus « ou moins votre paix. Vous êtes du nombre des « âmes de bonne volonté ; mais je vous préviens « que si vous écoutez votre ennemi, qui est celui « de Jésus-Christ, vous resterez longtemps peut-« être, et non sans danger, dans vos doutes et « vos inquiétudes. »

Un auteur a défini la vocation religieuse : « La greffe de l'ange sur l'homme ; la tige qui la porte, dit-il, doit avoir des racines dans le ciel. »

Bien pénétrée de cette pensée, Mère Sainte-Emilie écrit à une aspirante : « Vocation vient du « mot voix ; cette voix, c'est le Dieu de bonté qui « la fait entendre à une âme qu'il s'est choisie « pour la posséder de préférence à une foule

« d'autres. Il cherche des cœurs qui se donnent à
« lui par amour.

« Depuis quand, ma chère enfant, avez-vous
« commencé à sentir l'appel de Dieu ? Quels
« combats se sont élevés dans votre esprit pour y
« résister ou l'admettre ? Ont-ils été passagers ou
« de longue durée ? Avez-vous été également
« indécise pour l'état du mariage ou l'état religieux ?
« Est-ce un attrait qui vous attire vers ce der-
« nier, ou la crainte de vous perdre dans le monde,
« par l'entraînement du plaisir ou des passions ?
« Je porterai mon jugement sur vous, si vous me
« répondez franchement ; surtout, ma fille, pas de
« contrainte, le bon Dieu en veut encore moins
« que moi. D'ailleurs, quelles que soient les vues
« divines sur votre âme, comptez sur mon dévoue-
« ment ; je ne veux, je ne demande pour vous que
« l'amour divin dans tout son épanouissement. »

L'estime et la vénération dont Mère Sainte-
Emilie était entourée portaient parfois les parents
à la charger d'étudier leur enfant. Ce fut dans une
de ces circonstances que se produisit l'incident qui
va suivre.

Recevant la visite d'une de ses anciennes élèves,
elle l'interrogea sur ses projets d'avenir. Ce fut
avec tant de discrétion qu'elle n'obtint, comme il
arrive souvent, en pareilles rencontres, que des
paroles évasives dont elle se contenta,

Quelques semaines s'écoulèrent, et la jeune fille revenait trouver sa bonne maîtresse, lui avouant que toutes ses aspirations étaient pour l'ordre des Ursulines. « O mon enfant, répondit la Mère « Sainte-Emilie, vous rendez la réalisation de votre « projet bien difficile ; c'est votre mère elle-même « qui m'avait chargée de vous questionner ; je lui « ai dit que vous ne songiez à rien, comment lui « transmettre aujourd'hui votre décision ?... On « va me soupçonner de vous avoir influencée. »

Cette dernière considération n'empêcha pas les démarches de la vénérée Supérieure près de Madame V***. Ses prévisions s'accomplirent, on l'accusa de zèle outré et d'indiscrétion. Elle ne fit qu'en rire disant : « Bien ! ces dames me prennent « pour le bon Dieu, elles croient que je puis faire « changer ainsi les volontés. »

La perspicacité de Mère Sainte-Emilie et sa sûreté de jugement lui firent parfois découvrir des germes de vocation religieuse dans des âmes encore éprises du monde. Sans autre préambule, elle dit un jour à une mère : « J'ai vu votre « fille à une de nos cérémonies ; elle sera reli- « gieuse. » Madame L*** se récrie, prétextant que sa fille est loin d'être dévote, et qu'on a grand'peine à en obtenir l'assistance aux offices de la paroisse.

La prédiction est rapportée dans le cercle des intimes ; on en rit beaucoup, et Fanny trouve l'idée des plus étranges. Elle repousse même peu de temps après la proposition d'une retraite.

Un an s'écoule. Que se passe-t-il ? On l'ignore ; mais il advient qu'elle réclame de suivre les exercices de saint Ignace sous la direction de Mère Sainte-Emilie, qu'elle ne quitte que bien décidée à prendre le voile de sainte Ursule.

Rarement, la Révérende Mère admettait une aspirante sans l'autorisation de ses parents, autorisation qu'elle regardait comme un gage de bonheur (1).

« Un de mes oncles, rapporte une femme chré-
« tienne, vivait loin de Dieu, et refusait à sa fille
« la permission d'entrer au noviciat. La Mère
« Sainte-Emilie fit venir ma tante et lui dit :
« Il faut, ma chère amie, que dans huit jours nous
« ayons gagné votre mari ; faites prier votre enfant ;
« de notre côté, nous ferons violence au ciel.
« Le neuvième jour, le père appelle sa fille :
« Marie, lui dit-il, j'ai passé une nuit d'insomnie.
« J'ai été remué au dedans de moi par quelque
« chose que je ne puis exprimer ; va donc où
« Dieu t'appelle. »
Cet acte de générosité fut suivi d'une entière

---

(1) La foi encore vive des Bretons les porte ordinairement à faire volontiers et même avec joie le sacrifice de leurs enfants dans la vie religieuse.

conversion jusqu'à la fin de sa vie M. L*** édifia les siens tandis que sa chère Marie retraçait dans le cloître les vertus de saint Jean Berchmans. Dans sa gratitude, l'heureuse Madame L*** aimait à répéter : « C'est à la Mère Sainte-Emilie que je dois mon bonheur. »

Malgré son désir de voir sa famille religieuse s'augmenter, la bonne Supérieure ne voulait pas recevoir une enfant dont l'absence eût été très préjudiciable aux siens. « Vous désirez savoir, ma « chère Marie, écrit-elle, si vous êtes appelée à « vous consacrer à Dieu ; vous êtes encore jeune, « contentez-vous de mériter par la prière et les « œuvres pieuses de recevoir les lumières de l'Esprit- « Saint. D'ailleurs votre position près de votre « mère, ordinairement souffrante, ne peut guère « changer. Vous lui êtes, me semble-t-il, indis- « pensable ; que deviendrait-elle sans vous ? Voilà « une considération majeure, et je crois que le « bon Dieu ne vous demande pas actuellement « autre chose. »

La beauté et la diversité des ordres religieux excitaient l'admiration de la Mère Sainte-Emilie, et si elle garda pour son Institut un amour de pré- férence, elle estima grandement tous les autres.

Elle savait qu'en outre de l'appel à la vie par- faite, l'âme reçoit un attrait particulier pour l'ordre, ou même pour le monastère auquel elle doit se

dévouer. « Ne pas suivre les lumières du ciel à ce
« sujet, disait-elle, c'est s'exposer aux plus fortes
« tentations. »

Après avoir longtemps pensé aux Ursulines,
une de ses nièces entra chez les Hospitalières
de Saint-Augustin. Reconnaissant l'action divine,
la vénérable tante lui écrivit : « Moi aussi, je prie
« pour vous, ma chère Marie. Le mot de regret
« exprimé dans votre lettre a retenti dans mon
« âme ; mais le bon Dieu, qui nous sépare ici-bas,
« nous prouve, par le bonheur que vous goûtez
« dans votre communauté, qu'il voulait de nous
« ce sacrifice ; il nous en récompensera l'une et
« l'autre. Ah ! vous ne pouvez comprendre combien
« je vous recommande à notre bon Jésus. »

Charlotte de Saint-P***, aimée entre toutes, obtint
son admission au monastère. On l'attendait de
jour en jour, si bien que Mère Sainte-Emilie pouvait lui écrire : « Quand votre chambre a été
« prête, on m'a invitée à la visiter. J'ai été sur-
« prise et très ravie d'y reconnaître ma demeure
« pendant dix ans. »

Cette cellule ne fut pas habitée par Mademoiselle
de Saint-P***, qui se fixa dans un monastère de
Sainte-Ursule, en Provence. Dieu imposait un véritable sacrifice à la Révérende Mère, qui dès lors
se fit un devoir de la plus entière réserve ; elle
témoigna à la postulante une affection religieuse-

ment dévouée, dans une correspondance assez active, sans que jamais une parole indiscrète vînt troubler la paix que cette âme goûtait dans son cloître de B***.

Nous avons sous les yeux des récits de jeunes filles aujourd'hui religieuses. Elles rappellent comment leur sage conseillère mit fin à une cruelle indécision, alors qu'elles cherchaient les moyens à prendre pour répondre à l'appel de Dieu.

L'une d'elles entendit de la bouche de la vénérée Mère ces paroles graves comme la question qu'il fallait trancher : « Vous avez des liens et des « chaînes qui vous attachent au monde et que « vous ne savez pas briser ; craignez que Dieu ne « vous abandonne. »

A une autre, elle dit : « Il faut dans cette « retraite prendre un parti quelconque. Renoncez « à la vie religieuse, ou entrez-y sans retard ; « Dieu veut votre âme, il y a dix ans qu'il vous « attend !... »

« J'ai toujours été convaincue, dit-elle à une « troisième, que vous viendriez vous joindre à « nous. J'approuve donc entièrement votre dessein, « mais réalisez-le au plus tôt, sans cela les obstacles « deviendront insurmontables. »

Mais nous devons nous borner dans un sujet si délicat, qu'une plume plus autorisée que la nôtre pourrait seule traiter comme il convient.

Toutefois, disons en terminant ce chapitre que ce ne furent pas seulement des jeunes filles qui réclamèrent les conseils de Mère Sainte-Émilie ; des personnes de tout âge et de tout rang eurent recours à ses lumières, en des circonstances très diverses ; elles trouvèrent près d'elle paix, force et consolation.

CHAPITRE XII

Relations extérieures de Mère Sainte-Emilie. — Son affectueux dévouement pour les siens. — Mère Sainte-Emilie fait l'éducation de quatre de ses nièces ; l'une d'elles se fixe au monastère de Quintin, deux autres deviennent aussi l'héritage du Seigneur.

Ils ne sont pas rares sur la terre bretonne les foyers d'honneur et de foi. Là, s'élèvent des générations aussi enracinées dans leurs croyances, que les vieux chênes de nos landes. Les pères ont aimé la religion jusqu'à verser leur sang pour elle : les fils l'aiment du même amour et mettent au premier rang de leurs traditions familiales, le respect du prêtre et le dévouement aux ordres monastiques. Ils contemplent, avec admiration, « ces vierges « adolescentes, toutes rayonnantes de jeunesse et « de beauté, qui se détournent des parfums de la « vie pour ne plus respirer et regarder que vers le « ciel (1). »

(1) Montalembert.

Considérant le cloître comme le meilleur atelier où se forgent les armes pour les bons combats de la vertu, méprisant le sourire ironique du sceptique, et la haine farouche de l'incrédule, ces vaillants chrétiens envoient leurs enfants dans les monastères pour y apprendre l'art toujours difficile de la stratégie sainte. Et il n'est guère de couvent qui, par ses œuvres de miséricorde, n'ait avec les personnes les plus recommandables du pays, des liens de religieuse amitié.

Pour sa part, la Mère Sainte-Émilie comprit qu'elle devait s'efforcer de resserrer les relations déjà existantes, et d'en créer de nouvelles.

Les habitudes de l'ancienne politesse française, qu'elle conserva toujours, la firent rendre à chacun les égards qu'il convenait, sans que ces procédés sentissent l'adulation ou, par un autre excès, une vulgarité malséante.

Le couvent avait eu pour fondateurs temporels, comme on disait en ce temps-là, M. le Maréchal et Madame la Maréchale de Lorges. Les descendants de cette noble famille avaient continué les traditions de bienfaisance de leurs ancêtres, et rien ne peut rendre les sentiments de gratitude dont la Mère Sainte-Émilie était pénétrée pour eux.

« Je n'ai pas d'expression, écrit-elle à M. Guépin, « régisseur des biens de M. le comte de Nédonchel,

« et lui-même ami dévoué des Ursulines, pour
« témoigner ma reconnaissance à M. le Comte.

« Je vais instruire au plus tôt la communauté
« du généreux don qu'il nous a fait parvenir
« par votre entremise, et lui adresser mes remer-
« cîments. »

Mademoiselle Mathilde de Nédonchel, morte à
Rome en odeur de sainteté, aimait entretenir
Mère Sainte-Emilie de ses œuvres, de sa chère
Garde d'honneur, de ses chagrins de famille.

« Le bon Jésus, lui écrit-elle, nous éprouve
« en ce moment ; mon oncle Léon de Choiseul
« est au plus mal ; à l'heure où vous recevrez
« cette lettre, une crise redoutable aura sans doute
« amené un triste dénouement. Comptant sur
« l'affection dont vous nous avez donné tant
« de preuves, je le recommande à vos bonnes
« prières. »

Mademoiselle Caroline de Nédonchel la tenait
aussi au courant des graves événements de sa vie.
Devenue veuve du marquis de Courtebourne,
Madame la Marquise annonce au monastère de
Quintin son départ pour le Carmel de T***. Plus
édifiée que surprise, la Mère Sainte-Emilie lui
répond : « Que vous estimiez les richesses de ce
« monde comme de la boue, je n'en suis nullement
« étonnée, Madame ; mais quitter votre saint et
« noble père, c'est de l'héroïsme. De part et d'au-

« tre, l'holocauste est complet : Dieu seul peut en
« apprécier la valeur. »

La nouvelle Carmélite garda toujours une affection sincère pour *ses Ursulines*. Les lignes que
nous allons citer sont trop remplies d'humilité pour
que nous les passions sous silence.

« J'ai conservé un si bon et si agréable souvenir,
« écrit la Révérende Mère Marie-Madeleine du
« Sacré-Cœur, des deux ou trois journées que j'ai
« eu l'honneur de passer dans votre clôture, du
« parfait accueil que nous y avons reçu, de l'atmos-
« phère embaumée de sainteté que j'y ai respirée,
« que jamais je ne l'oublierai. Il me semble que,
« là déjà, Jésus me parlait au cœur et me faisait
« goûter les avantages de la vie religieuse. J'ai
« toujours devant les yeux la pauvreté de vos
« cellules, le charme de vos endroits réguliers et
« ce je ne sais quoi qui fait, de vos couvents
« comme des nôtres, le vestibule du Paradis.

« C'est aux Ursulines de Namur, où j'ai eu le
« bonheur de faire plusieurs retraites, que j'ai été
« éclairée sur ma vocation. Ces bonnes Mères
« auraient bien eu la charité de me conserver ;
« mais, si le bon Dieu m'eût appelée dans les
« phalanges de sainte Angèle, c'est aux portes
« de votre béni monastère que je fusse venue
« frapper. »

Parmi les personnes qui contribuèrent au relèvement de la communauté de Quintin après la Révolution, citons au premier rang la famille Allenou, dont Mère Sainte-Émilie éprouva elle-même le dévouement.

Peut-être accueillera-t-on avec intérêt les détails suivants :

Baptisée, en 1794, par un prêtre fidèle, Madame Allenou, née Veillet-Dufrêche, grandit près de sa bonne mère, entourée des soins d'une converse ursuline, à laquelle Madame Veillet avait donné asile. Sœur Saint-Jean ne restait pas oisive et, gardant en son âme, au milieu de la tourmente, l'espoir de jours meilleurs, elle amassait un modeste trésor qui contribuerait, pensait-elle, au rachat des immeubles de son couvent. La bonne Sœur confectionnait donc des crêpes fines dont elle avait le secret, et la petite Marie, rôdant autour de l'industrieuse ménagère, lui disait dans son langage enfantin : « Casse des crêpes, saint Jean, elles seront pour moi. »

Agée de quinze ans, Mademoiselle Marie épousa M. Allenou. Dieu bénit cette union, et cinq enfants vinrent égayer le foyer conjugal.

L'éducation de Mesdemoiselles Allenou fut confiée aux Ursulines. C'est alors que la Mère Sainte-Émilie se trouva en relation avec la jeune mère, dont elle ne tarda pas à apprécier les qualités sérieuses. Une sainte amitié unit bientôt ces deux femmes si bien faites pour se comprendre. En toute rencontre, Madame Allenou se montra l'aide et le soutien de la communauté : elle mérita le titre de bienfaitrice. Ce titre lui procurait une entrée annuelle au monastère. Aucune fête du monde ne lui apportait autant de joie.

Mais lorsque Dieu l'eut affligée de cécité, elle renonça à sa visite, disant : « Il m'en coûterait trop de ne plus voir Emilie. » C'est le nom qu'elle donnait familièrement à la Révérende Mère.

Retirée dans sa terre de Lorges, Madame Allenou s'adonnait à la prière et aux bonnes œuvres, élevant ses petits-enfants dans la crainte de Dieu. Avec quel bonheur elle vit une de ses petites-filles frapper à la porte du noviciat des Ursulines de Quintin. La Mère Sainte-Emilie, qui le dirigeait, reçut l'aspirante comme le dernier legs de sa vertueuse amie. Sous le nom de Sœur Saint-Jean, Victorine perpétua le souvenir de cette bonne converse, dont la mémoire était restée chère à sa vénérable aïeule.

Il fut une autre amie que la Révérende Mère trouva toujours à ses côtés dans la bonne et la mauvaise fortune. Madame Cavelier de Cuverville, née Suaz de Kervégan, était nièce de Mère Sainte-Mélanie, supérieure du monastère de Quintin, en 1793, admirable religieuse que les menaces des révolutionnaires et l'emprisonnement ne surent décourager. Après cette époque néfaste, les Ursulines, tardant à se reconstituer dans cette ville, Mère Sainte-Mélanie et sa sœur, Mère Sainte-Elisabeth, demandèrent leur admission dans la communauté de Quimperlé. La première y mourut en 1810, entourée de l'estime et de la vénération générales ; mais la seconde revint à son couvent de profession, dès que les circonstances le lui permirent, et sa nièce fut mise au pensionnat.

Mademoiselle de Kervégan, après avoir épousé M. Cavelier de Cuverville, habita un hôtel voisin de la communauté. Elle n'avait point oublié les soins dont ses bonnes maîtresses avaient entouré son enfance, elle leur rendit les services les plus signalés. Lorsque, en 1838, la société quintinaise fit essuyer à Mère Sainte-Emilie une sorte de persécution, la noble dame usa de toute son influence pour conserver à son amie le prestige dont elle avait besoin. Jamais ce bon office ne s'effaça du cœur reconnaissant de la Révérende Mère.

Une affection bien sincère unissait aussi la digne supérieure à Madame du Liscoët, femme d'une intelligence élevée, d'une foi vive et pratique. Celle-ci chargea les Ursulines de l'éducation de ses deux filles cadettes, Augusta et Alix. Quelques années plus tard, elle suivait à la Guadeloupe sa fille aînée, mariée à Monsieur de Kerdoret, qui avait là ses propriétés.

La Mère Sainte-Emilie éprouva une grande peine de cet éloignement ; elle écrivait à Mademoiselle Augusta : « Vous me dites, ma fille, que vous « commencez à prendre votre parti, puisqu'il faut « vous habituer à vivre loin de nous ; je vous en « félicite, car ce sera le moyen de vous plaire dans « votre nouvelle position. Quant à moi, mon « enfant, il me faudra plus de temps pour m'accou- « tumer au vide que vous avez laissé parmi nous. « Je fais ce sacrifice à Dieu de tout cœur, mais « c'est un vrai sacrifice que je sentirai longtemps.

« Que le saint Ange du Seigneur soit votre « guide comme il le fut du jeune Tobie ! Vous « serez aussi accompagnée de la prière de celle qui « vous aime comme une mère. » Et à quelque temps de là : « Je prévoyais bien que tous les « moyens qui se présentaient pour aller en pays « étranger, auraient disparu lorsqu'il serait question « d'en revenir. Enfin, ma fille, que le divin Maître « vous assiste sur la plage lointaine et vous ramène, « si tel est son bon plaisir. »

Après dix ans d'exil, Madame du Liscoët et ses enfants revenaient en France. Ce fut une joie sensible pour Mère Sainte-Emilie : cette famille allait se fixer en Bretagne, et lui confierait la petite fille de sa chère Alix.

Les relations devinrent plus intimes, plus ami- çales que jamais, et, jusque dans sa vieillesse,

Madame du Liscoët affronta la fatigue du voyage pour venir, de Rennes à Quintin, visiter sa sainte amie. Celle-ci s'efforçait de détruire, en cette âme, les derniers restes du jansénisme qui, trop longtemps, avaient paralysé les élans de son amour. Elle lui parlait des miséricordes divines, du Sacré-Cœur, abîme de tendresse et de bonté, du ciel, où elle lui donnait rendez-vous.

Digne aussi d'être compté au nombre des bienfaiteurs du monastère, est M. Le Treut. Après lui avoir donné, en la personne de sa nièce, ce qu'il avait de plus cher, il se fit l'instrument de la Providence pour une maison où régnait la pauvreté avec son cortège de privations. Cet homme de bien avait pour maxime que tout bon catholique doit défendre et soulager les congrégations religieuses. Les archives des Ursulines ont consigné son désintéressement et sa générosité sans bornes.

Si nous devons nous restreindre dans l'énumération des personnes qui furent particulièrement chères à la Mère Sainte-Émilie, qu'il nous soit permis, toutefois, de citer encore Mademoiselle Jenny de Bouan.

Dans une pensée de foi admirable, et sans doute pour se consoler de n'avoir pas été appelée à la vie religieuse, la généreuse bienfaitrice fit une fondation, afin qu'à perpétuité Dieu fût loué par des Sœurs qui tiendraient sa place dans le monastère dont elle eût voulu être l'enfant.

Pour ces bienfaiteurs insignes, et pour tant d'autres qu'il nous serait doux de faire sortir de l'ombre, la Mère Sainte-Emilie adressait à Dieu de ferventes supplications, invitant ses filles à s'unir à ses prières. Puis elle avait le secret de ces attentions délicates, de ces mots charmants qui vont droit au cœur, parce qu'ils émanent d'une âme reconnaissante.

Large fut aussi la place que Mère Sainte-Emilie fit aux affections de la famille. Et qui pourrait l'en blâmer ?.... Notre-Seigneur ne connut-il pas le charme des saintes amitiés ?

Elle recevait donc la visite des siens avec une satisfaction qu'elle ne cherchait pas à dissimuler, partageait leurs joies, leurs peines, les maintenant tous dans l'union. Et sa parenté était nombreuse... On y comptait quarante-deux cousins germains !... De quoi faire rêver à la postérité du patriarche Jacob !

« J'ai été heureuse, écrit-elle à ses nièces, de
« revoir ce bon Désiré ainsi que Nathalie et Léonie,
« Anaïse et ses enfants, qui ont été très aimables et
« fort gentils. C'était vraiment une réunion de
« famille, et vous savez comme ce mot *famille*
« fait vibrer mon cœur.

« Je ne vois jamais la nouvelle génération sans
« être attendrie au souvenir de celle qui n'est plus.

« Dieu aura pour agréable, je l'espère, le sacrifice
« que je lui ai fait de mes bons parents, sacrifice
« si souvent renouvelé. Dans l'éternité, il n'y aura
« plus de séparation, plus de souhaits de nouvel
« an, mais une année sans fin et toujours heureuse.

« Votre aimable grand-père disait autrefois avec
« son air plaisant : « Je vous souhaite une bonne
« année et le paradis *avant* la fin de vos jours. »
« Hélas ! que ne puis-je voir réaliser ce souhait !
« mais il faut expier ses péchés ici-bas. »

Si la religieuse peut cultiver jusque dans le cloître
des affections créées par Dieu, elle doit les sanctifier
et les faire tourner au bien spirituel de ceux qu'elle
aime. Ce fut le plan de conduite que se traça Mère
Sainte-Emilie ; elle y fut fidèle.

Sa sœur Thérèse expérimenta tout d'abord son
dévouement sincère. Venue, toute jeune encore, à
Sainte-Ursule de Quintin, pour suppléer le profes-
seur d'anglais, et plus tard à titre de grande pensionnaire, Mademoiselle de Jaulin avait eu à supporter de grandes épreuves, et son passé, si plein
d'angoisses, ne pouvait s'effacer de sa mémoire.

« Thérèse, écrit la vénérée Mère, est toujours
« triste, elle ne peut sortir de ses souvenirs, ce
« qui en augmente l'amertume. »

Remplie de compassion pour cette sœur bien-
aimée, l'Ursuline priait Dieu et calmait la chère affligée en lui parlant du Cœur de Jésus. Mademoiselle

Thérèse ne fut entièrement délivrée de ses peines que le jour des obsèques de celle qui avait tant travaillé à lui rendre la paix.

Quatre des nièces de la Révérende Mère lui furent confiées ; elles s'attachèrent à leur tante comme à une seconde mère, et recoururent à ses conseils en toutes circonstances. Les deux aînées regardaient le couvent comme leur maison paternelle : « Blanche et Berthe, écrit Mère Sainte-« Emilie, chérissent la communauté de tout leur « cœur. La première la trouve le lieu le plus « délicieux de la terre ; elle l'aime trop la chère « petite, car sa mère ne veut plus lui permettre « d'y revenir à cause du chagrin qu'elle conserve « lorsqu'elle retourne à Saint-Servan. On craint « qu'elle se fasse religieuse. Pourquoi craindre ? « Ne serait-elle pas mieux dans le cloître que dans « le monde ? »

Quelque temps après, Mademoiselle Blanche entrait au noviciat. Sa tante l'annonce en ces termes : « Blanche est postulante depuis le vingt-« quatre mai et se nomme Sœur Marie-Emilienne. « Elle est si heureuse qu'elle a repris vie, car « le chagrin de la mort de sa mère, la fatigue « qu'elle avait ressentie en lui donnant ses soins, « l'avaient changée d'une manière effrayante. »

La novice fut tendrement aimée de sa mère adoptive, mais « qui aime bien, châtie bien. »

Les détails de la vie pratique échappaient souvent à cette âme d'artiste. De là des réprimandes que Mère Sainte-Émilie savait doser d'importance. »

La jeune fille devint, grâce peut-être à cette direction vigoureuse, capable de rendre de grands services à son monastère. Elle possédait un rare talent pour la musique ; il ne lui fut pas une pierre d'achoppement. Pleine de simplicité religieuse, elle semblait chercher un contrepoison à l'espèce de prestige dont les mondains l'environnaient, en se livrant aux fonctions les plus humbles, à la cuisine, au réfectoire, alors que ses aptitudes musicales venaient de briller du plus vif éclat.

Pendant cinq ans, elle dirigea le pensionnat, et sut employer les ressources d'une piété ingénieuse pour gagner à Dieu le cœur de ses élèves. Jusqu'à la fin de sa carrière, Mère Marie-Emilienne bénit le ciel d'avoir placé à ses côtés la vénérable tante qui l'avait formée à la vie apostolique de l'Ursuline.

Une autre nièce de la Mère Sainte-Emilie se consacrait à Dieu, quelques années plus tard, chez les Augustines ; nous y avons fait allusion. Au lendemain de la profession religieuse de sa chère Marie, elle lui écrivit : « C'était donc hier le jour « par excellence, où vous vous êtes immolée au « Dieu qui vous a choisie pour lui appartenir à

« jamais ! Hier aussi, fête de la Nativité et la vôtre,
« en religion, j'étais dans une indicible joie à votre
« sujet, ma fille bien-aimée ; non, je ne saurais
« vous dire combien et avec quel cœur j'ai prié
« pour vous. O ma petite Marie ! je sens votre
« bonheur comme le mien propre, et j'en bénirai
« le Seigneur jusque dans l'éternité.

« Votre cousine Berthe est à Quintin pour y
« voir sa sœur. Chaque jour, je me surprends à
« comparer les immenses avantages de *mes deux*
« *religieuses* sur leurs cadettes. Puissent celles qui
« sont restées dans le monde glorifier Dieu et s'y
« sanctifier !.... »

La plus jeune de celles-ci devait se consacrer
au Seigneur, mais rien encore ne le faisait présager.

A la mort de sa mère, Mademoiselle Léonie
L*** se retira près de sa sœur Marie de la Nativité,
chez les Augustines de Paris. La Mère Sainte-
Emilie entretint avec elle une correspondance néces-
sitée par l'inexpérience et l'isolement relatif de son
enfant.

« Devenez pieuse et raisonnable, lui recom-
« mande-t-elle, et ne vous laissez pas emporter à
« la vivacité de votre imagination.

« Vous faites bien de croire que Jésus et sa
« sainte Mère protègent les orphelins, vous serez
« comme votre sœur l'objet de leur prédilection. »

Plus tard, un parti se présente pour Made-

moiselle Léonie ; à cette occasion, sa tante lui
adresse ces lignes : « Nous allons redoubler de
« prières pour vous et votre fiancé, ma chère
« enfant, car il me sera désormais impossible de
« vous séparer. Votre cousine, Mère Marie-Emi-
« lienne, désire que M. G*** vous rende heureuse ;
« je formule les mêmes souhaits. Puissiez-vous
« être, l'un pour l'autre, un sujet de consolation
« et d'avancement dans la pratique des vertus
« chrétiennes. »

Dans la suite, la jeune femme s'attristait de n'avoir
pas d'enfants. « On me dit, Léonie, écrit la pieuse
« tante, que vous vous désolez de ne pas voir
« apparaître la bénédiction céleste dans votre
« maison. Vos amies sont en famille et aussi en
« soucis, car l'un ne va guère sans l'autre. Ayez
« confiance dans le Dieu bon qui vous a protégée
« jusqu'à ce jour, et souffrez patiemment une peine
« légère. Tenez-vous en paix, ma petite Léonie, et
« reposez-vous entièrement sur celui qui veut votre
« plus grand bien.

« Ce que vous me dites de votre mari et du
« bonheur dont vous jouissez me comble de joie,
« c'est un homme religieux ; vous l'imiterez, ma
« fille, et votre félicité durera autant que votre
« vie. »

Non, hélas ! ce bonheur ne devait pas durer,
M. G***, victime d'une mort tragique, laissa veuve

sa chère Léonie, et la Providence, qui conduit nos destinées, réunissait dans le cloître deux sœurs qui s'étaient toujours aimées tendrement.

La Mère Sainte-Emilie n'a pas joui de cette dernière consolation ; mais, du haut du ciel, n'a-t-elle pas été la médiatrice qui a valu cette grâce à sa fille adoptive ?

CHAPITRE XIII

Ce qui attirait vers la Révérende Mère Sainte-
Emilie, c'était la droiture de son caractère, la
pénétration de son jugement, la sagesse de ses
conseils et l'aimable simplicité de ses relations.

Nous l'avons vue exercer la charge de supérieure
avec profit pour elle-même et profit pour les autres,
parce que, dans une position qui la mettait en évi-
dence, elle a tenu son regard fixé sur le divin Modèle.
Marchant en cette sainte présence, courageuse et
confiante, elle a compris que, dépositaire de l'autorité divine, elle rendrait compte des âmes confiées
à sa houlette ; que si ses inférieures s'exerçaient à

l'obéissance surnaturelle, elle devait elle-même faire de l'autorité une sorte de sacrement dont on use avec respect, avec mesure et circonspection.

Rentrée sous l'obéissance, la vénérable Mère s'appliquait à se faire la plus soumise, la plus humble de toutes, sans entraver l'action de la supérieure, ni conserver avec ses filles des relations que la règle n'aurait pas approuvées.

C'est dans un de ces moments de repos que nous l'avons laissée, en interrompant l'ordre chronologique de cette biographie. Elle écrivait alors : « J'ai commencé une vie nouvelle que je ne « connais guère par la pratique, celle d'une simple « Ursuline ; c'est, à mon gré, la plus belle que je « puisse mener. J'ai toujours été heureuse dans « mon saint état, en y faisant la volonté de Dieu ; « mais quelle différence entre ma vie de supérieure « et mon existence actuelle ! Remerciez Dieu, ma « chère enfant, de me donner quelque loisir pour « me préparer à l'éternité. »

Pendant la période dont nous retraçons l'histoire se célébrèrent les noces d'or de la Mère Sainte-Emilie. Elle eût voulu que cette fête se passât en famille, mais tel n'était pas le vœu général. Pouvait-on perdre l'occasion de lui témoigner publiquement l'estime et la reconnaissance qu'elle s'était acquises ? Monseigneur David ayant exprimé le désir de présider la cérémonie, la jubilaire dut s'incliner et recevoir, de bonne grâce, les honneurs qu'elle avait bien mérités. Elle se prépara avec une admirable ferveur à cet acte de rénovation, demandant à ses sœurs, avec la plus profonde humilité, de lui faire connaître tous ses défauts. Elle envisageait, non sans crainte, la responsabilité que lui avait imposée la charge de supérieure. Plus elle avançait en âge, plus elle regrettait de s'être montrée un peu sévère dans son gouvernement. Aimant la règle plus que toute autre chose au monde, elle avait voulu la voir accomplir jusqu'au dernier iota ; mais, en certaines circonstances, avait-elle suffisamment compati à la faiblesse humaine ?... Ces considérations amenaient sur les lèvres de la vénérée Mère des paroles d'excuses et de regrets, qui touchaient profondément ses filles.

Celles-ci n'éprouvaient d'autre sentiment que celui de la reconnaissance. Si elles apprirent à marcher sur les traces sanglantes de l'Homme-Dieu, pouvaient-elles s'en plaindre ? D'ailleurs la Mère Sainte-Emilie leur avait-elle dit autre chose que : « Suivez-moi. »

Nous ne raconterons pas en détail la fête du dix-sept novembre 1874 ; elle se verra surpassée par une cérémonie plus imposante encore.

Disons seulement qu'un discours aussi élevé que délicat fut adressé à Monseigneur David, par M. l'abbé Gancel, nommé depuis peu aumônier du couvent. Le Prélat y répondit en félicitant Mère Sainte-Emilie d'avoir si bien employé, à la gloire de Dieu et à l'éducation de la jeunesse, les longues années de son existence religieuse..

Mais le bonheur parfait n'est pas l'apanage de l'exil; la veille de ce beau jour, la communauté conduisait à sa dernière demeure Mère Saint-Jean-Berchmans, dont nous avons raconté les étranges épreuves. La jeune Sœur avait fourni une longue carrière en peu de temps. Minée par une maladie de langueur, et sentant venir les luttes de l'agonie, elle avait dit : « Je ne veux pas être un trouble-fête. » Dieu l'avait exaucée ; mais, par une disposition providentielle, sa dépouille reposa au milieu des lis et des guirlandes préparés pour le lendemain. N'allait-elle pas d'ailleurs, elle aussi, s'asseoir au banquet des noces ? Monseigneur David, en rappelant dans son allocution le souvenir de celle qu'il appelait son enfant, fit couler les larmes de l'assistance.

Durant trois ans, la Mère Sainte-Emilie eut pour charge principale le soin des Congrégations, qui prenaient chaque jour des assises plus solides. La sainte directrice goûtait un vrai bonheur dans un emploi si bien en harmonie avec son attrait, lorsque les élections du 3 avril 1877 vinrent troubler sa quiétude. A quelque temps de là, pressentant ce qui allait se passer, elle écrivait : « Je ne puis

« vous dire ce que j'éprouve de tristesse ; j'en-
« trevois un calice, et que ce calice me semble
« amer ! »

Que l'on juge de la douleur de la vénérable
septuagénaire, quand elle se vit réunir les suffrages pour la neuvième fois ; elle avait soixante-
quinze ans !

Prosternée aux pieds de Monseigneur David,
qui présidait la cérémonie, elle le supplia de ne
pas confirmer le choix de ses Sœurs, mais rien ne
put fléchir le Prélat. « Je ne veux pas, répondit-il,
priver la Communauté de votre précieuse direction. » Toutefois, il lui promit qu'après trois ans
écoulés elle ne pourrait être réélue. Cet espoir la
consola quelque peu, elle plia les épaules sous le
pesant fardeau qu'on lui imposait. Et pourtant les
années se faisaient sentir : la mémoire avait perdu
de sa vivacité, la démarche s'était alourdie, seul
le courage de Mère Sainte-Emilie était toujours
aussi viril, et le jour ne suffisant plus pour un
labeur écrasant, elle prolongea ses veilles bien avant
dans la nuit. Ses filles s'en inquiétèrent, et la Mère
Assistante chargea une jeune religieuse d'arracher,
chaque soir, l'infatigable Supérieure à ses travaux.
Il était parfois très tard lorsqu'elle se décidait à
gagner sa cellule : il fallait terminer une lettre,
achever de régler un compte et, malgré tout, la
vaillante Mère était sur pied à quatre heures du

matin. La Sœur chargée du réveil la trouvait parfois si profondément endormie qu'elle se retirait sans rien dire. Mère Sainte-Emilie lui adressait d'ordinaire une vive remontrance : « Vous man-« quez à l'obéissance, ma Fille, lui disait-elle, vous « me privez d'un temps qui m'est très nécessaire. » L'exactitude à l'éveiller à l'heure dite était, au contraire, reconnue par cette expression affectueuse : « Merci, ma Sœur, vous me rendez à Jésus. »

Son ardeur pour l'avancement spirituel de ses religieuses allait toujours croissant. Ses conférences prirent un cachet tout spécial de sainte dilection. Comme l'apôtre saint Jean, elle semblait ne pouvoir plus répéter que cette belle maxime : « *Aimez-vous les uns les autres comme je vous ai aimés.* » Et cette autre de saint Augustin : « *Aimez Dieu et puis votre prochain, car ces deux commandements nous ont été donnés principalement.* »

Elle appelait l'attention de ses filles sur la promptitude du jugement, qui est l'apanage de la jeunesse. « On compte, disait-elle, sans les déceptions, « les vicissitudes, les orages dont la vie est remplie. « On s'étonne des faiblesses du prochain, on se « scandalise de ses fautes ; l'expérience rend plus « circonspect, plus compatissant ; elle fait aussi « éviter les actes irréfléchis, qui troublent la paix « et amènent des résultats fâcheux. »

A la prudence Mère Sainte-Emilie unissait une

certaine ingénuité. Ennemie des soupçons, elle préférait se laisser tromper deux fois que de reprendre à la première, si elle craignait de frapper à faux. « Mais, ajoutait-elle, quand j'ai bien examiné, « bien consulté, lorsque surtout j'ai prié, il serait « plus difficile de me faire changer d'avis que de « prendre un lièvre à la course. »

S'il fut un jour de bonheur dans son dernier supériorat, ce fut celui où elle vit l'Ordre de Sainte-Ursule bénéficier du dévouement de M. le chanoine Richaudeau, aumônier des Ursulines de Blois.

Ce saint prêtre avait résolu de resserrer les liens qui unissaient déjà les diverses branches de l'Institut, en leur créant des relations que diverses raisons avaient jusqu'alors rendues difficiles. Sa proposition de circulaires triennales fut agréée avec enthousiasme par la communauté de Quintin. La vie, qui coulait à pleins bords dans les monastères florissants, n'allait-elle pas s'inoculer aux maisons moins favorisées ? En constatant les efforts de ceux-là pour affronter les nouveaux programmes d'enseignement, celles-ci ne trouveraient-elles pas le secret de rajeunir leurs méthodes, et de multiplier les moyens d'action auprès de la jeunesse ? Puis, quelle douceur dans ces épanchements fraternels ! En toute vérité, l'Ursuline répéterait cette parole de saint Paul : « *Etant plusieurs, nous ne faisons qu'un corps en Jésus-Christ, et nous sommes tous membres l'un à l'égard de l'autre.* »

Une circonstance allait imprimer encore une nouvelle impulsion aux rapports des filles de Sainte-Angèle.

Le 30 avril 1672, était morte en odeur de sainteté à Québec (Canada), la fondatrice des Ursulines de cette ville. Contemporaine de sainte Jeanne de Chantal, conduite, elle aussi, par des voies insondables à l'esprit humain, Marie Guyart, devenue veuve de Claude Martin, avait demandé à l'Ordre de Sainte-Ursule de satisfaire la soif du salut des âmes qui la consumait. Laissant aux soins d'une sœur un fils qu'elle aimait plus qu'elle-même, l'héroïque mère avait tout sacrifié à la voix intérieure qui lui disait : « C'est dans la foi que je t'épouserai. » Puis la Vierge Marie lui avait montré le vaste pays plein de monts et de vallées, couvert d'épais brouillards, que son divin Fils réservait à son apostolat.

Que ne pouvons-nous redire ici les circonstances de cette vocation extraordinaire ! Mais n'ont-elles pas été admirablement consignées par des auteurs contemporains (1).

____

(1) M. l'abbé Richaudeau, anmônier des Ursulines de Blois ; M. l'abbé Chapot, aumônier des Ursulines de Nice, et l'auteur anonyme cité plusieurs fois au cours de cet ouvrage.

Marie de l'Incarnation partit pour ces contrées lointaines et encore barbares, accompagnée de la Mère de Saint-Joseph, comme elle du couvent de Tours, d'une Ursuline de Dieppe et de Madame de la Peltrie, fondatrice des Ursulines de la Nouvelle-France.

Aux Ursulines s'étaient jointes trois Sœurs hospitalières qui, sous le haut patronage de la duchesse d'Aiguillon, allaient fonder à Québec un hospice pour les pauvres malades ; « c'était tout le programme de la charité chrétienne que réalisaient ainsi les premières religieuses envoyées dans la Nouvelle-France (1). »

Le zèle des Ursulines porta des fruits au centuple. De plus, la vénérable Mère de l'Incarnation opéra tant de merveilles, sa mort fut suivie de tant de miracles, que la piété chrétienne recourut à sa médiation dans les affaires temporelles comme dans les choses spirituelles de la plus haute importance.

A la suite du désastreux traité de Paris (1763), le Canada étant tombé au pouvoir des Anglais, les enquêtes sur la vie et les œuvres de l'Ursuline furent abandonnées. Monseigneur Baillargeon, archevêque de Québec, les fit reprendre en 1867. Enfin, en 1876, avec un admirable élan, l'Ordre de Sainte-

(1) *Vie de la Vénérable Mère de l'Incarnation,* par une religieuse du même ordre.

Ursule écrivit des lettres postulatoires, qui furent appuyées par des personnes recommandables et très estimées du Souverain Pontife.

La Mère Sainte-Emilie ne fut pas la dernière à mêler sa voix au concert de louanges qui exaltait la *Thérèse du Nouveau-Monde*. Enfin, le 15 septembre 1877, une dépêche de Rome annonçait que Marie de l'Incarnation était déclarée vénérable. A la réception de cette nouvelle tant désirée, la communauté se réunit au chœur pour chanter le *Te Deum* de l'action de grâces.

Voici comment les Ursulines de Quintin expriment leurs sentiments dans la 'première circulaire qu'elles firent imprimer. « Moins heureuses que « vous, chères Mères de Québec, qui avez pu « déposer sur le tombeau de votre fondatrice vos « vœux et vos prières, nous avons néanmoins « partagé vos émotions, vos transports, vos larmes « de joie ! Malgré l'immense océan qui nous « sépare, nos cœurs battaient à l'unisson, et nos « voix s'accordaient dans un même concert pour « louer le Seigneur et lui offrir notre commun « tribut d'amour et de reconnaissance.

« Ah ! qu'il a été beau ce cri de l'action de « grâces que la grande famille d'Angèle a envoyé « vers les cieux ! Quel doux écho il a dû trouver « parmi nos sœurs qui habitent la patrie bienheu- « reuse, et forment le cortège de nos saintes fon-

« datrices ! Déjà, sans doute, elles avaient applaudi
« à ces communications intimes qui sont venues
« rendre plus forts les liens de notre amitié frater-
« nelle ; mais quels ont été leurs transports, en
« entendant le saint Pontife Pie IX proclamer
« Vénérable notre Mère du Canada, et nous la
« montrer dans un prochain avenir recevant sur
« les autels les honneurs rendus aux saints (1). »
Maintenant nous pouvons dire avec un biographe
contemporain :

« Le jour approche enfin où cette humble et
« vaillante Mère, qui n'aspirait qu'à vivre cachée
« dans le Cœur de Jésus, sera acclamée par ses
« deux patries. Si la Providence a retardé jusqu'à
« ce jour l'heure de son triomphe, c'est peut-être,
« ainsi que l'insinue l'un des rapporteurs du procès
« de béatification, afin de fermer la bouche à
« cette secte impie qui s'efforce injustement de
« représenter la religion catholique comme ennemie
« de la société civile ; qui méprise les religieux et
« les déclare incapables d'une œuvre bonne et
« utile ; et puisque, entre ces œuvres qu'on lui
« conteste, celle de l'éducation chrétienne est la
« plus attaquée ; puisque néanmoins tant de vierges
« consacrées à Dieu s'y dévouent de toutes parts,
« l'heure ne serait-elle pas venue, dirons-nous avec

(1) Circulaire n° 1.

« un évêque français, en tournant nos regards vers
« Rome, de fortifier le cœur de ces humbles
« athlètes, en plaçant sur les autels une fille du
« cloître, employée comme elles aux travaux de
« l'enseignement, et s'élevant par eux jusqu'au
« plus haut sommet de la sainteté (1). »

Ce fut, jusqu'à son dernier soupir, le vœu le
plus ardent de la Mère Sainte-Emilie. Par ses prières
et ses sacrifices, elle eût voulu hâter cette heure si
ardemment souhaitée.

En l'espérant, elle portait ses regards vers cette
bienheureuse éternité, objet de tous ses désirs.

Tel qu'un voyageur, qui a gravi un sommet es-
carpé, mesure les espaces parcourus, sonde les abîmes
auxquels il a échappé, de même, sur le déclin de
la vie, la Révérende Mère contemple les sentiers
que Dieu lui traça et qu'elle suivit sans se détour-
ner à droite ou à gauche, loin du divin vouloir.

Elle connaît cette parole de saint Jean Chrysos-
tôme : « *Dieu ne nous peut donner de plus grandes
marques d'amour qu'en nous confiant des âmes.* » Elle
repasse en sa mémoire toutes celles qu'elle dirigea,
et, reprenant tous ces noms si chers, elle n'a pas
de plus grande jouissance que de les faire monter
de son cœur jusqu'à ses lèvres.

(1) *Vie de la Vénérable Marie de l'Incarnation*, par une
religieuse du même ordre.

Puis, se rendant justice, elle constate qu'elle a conduit ses filles à Dieu, et que, pour atteindre ce but, le courage, l'abnégation et le zèle de la gloire divine lui ont été bien nécessaires.

On la surprend s'attristant de vieillir ; ce n'est pas qu'elle porte lâchement le poids du jour et de la chaleur ; écoutons plutôt sa belle âme se révéler dans les accents de l'humilité religieuse : « Qu'il
« est pénible d'avancer en âge ! Personne n'ose
« plus me reprendre ; et pourtant combien cela
« me serait avantageux.... J'ai toujours aimé à
« demander conseil.... Que j'étais heureuse, jadis,
« lorsque, jeune supérieure, mon Assistante me
« remémorait le soir tous les points de règle que
« j'avais omis ! C'était le noviciat de ma lourde
« charge ; maintenant qui voudrait me rendre
« semblable office ! »
Dieu allait cependant prendre en pitié la vénérable Mère. A soixante dix-huit ans, il lui accordait un repos bien acheté. Le gouvernement va passer aux mains de Mère Saint-Jean l'Evangéliste, fille bien chère, nous l'avons vu, de la restauratrice. Enfant, elle reçut ses soins ; jeune fille et novice, elle fut guidée par elle ; religieuse depuis vingt ans, elle cherchait à se pénétrer de son esprit et à suivre ses conseils.

La cérémonie de l'élection terminée, Monseigneur David fit assembler les religieuses dans la salle de récréation. Une agréable surprise les y attendait. Sa Grandeur, après avoir annoncé à la Mère Sainte-Emilie un tableau fort rare, lui demande si elle aime le portrait des saints. « Oh ! oui, Monseigneur. — Eh bien ! en voici un qui fera plaisir à tous. » Et, soulevant le couvercle d'une boîte déposée devant lui : « Regardez, ma Révérende Mère.... » Celle-ci, stupéfaite, se reconnaît. — « Oh ! la vilaine bonne femme ! s'écrie-t-elle. » L'hilarité est générale. Quelques heures plus tôt, ce portrait eût été relégué dans un coin obscur ou peut-être détruit, mais, dépouillée de toute autorité, l'humble Mère doit se soumettre.

Toutefois, elle sollicite de son évêque que la photographie ne reproduise pas le pastel, ce qui lui est d'autant plus facilement accordé que quelques épreuves sont déjà faites.

Mais comment était-on parvenu à la surprendre ainsi ? Une jeune artiste, qui passait quelque temps à la communauté, avait esquissé, à la dérobée, les principales lignes du visage de la bonne Mère. Aidée de sa mémoire, elle avait réussi, après maints essais, à donner, sinon une ressemblance parfaite, du moins une copie qui ne laisse aucun doute.

Que de remerciements furent adressés à Monseigneur David et aux personnes qui s'étaient employées à procurer à la communauté cette satisfaction si légitime !

La Mère Sainte-Emilie ne partageait pas ces sentiments. Elle écrivait à une de ses nièces : « Ma « petite fille, j'étais parfaitement ignorante de ce « qui a eu lieu pour mon portrait. Il a été fait *au* « *vol et par vol* ; j'en ai été fort contrariée. Vous « ne perdrez pas grand'chose de n'avoir pas les « traits de mon vieux visage ; mais si j'avais fait une « distribution, certes, mon enfant, vous n'auriez « pas été oubliée. »

Voici donc l'aimable doyenne, vivant sous le joug de l'obéissance, chérie et respectée de toutes les religieuses qui lui témoignent, en toutes circonstances, leur vénération filiale. Elle, usant de son ascendant, les maintient dans une union parfaite et dans la soumission la plus entière à leur jeune Supérieure. Puis, elle ne perd pas l'occasion de dire une bonne parole, de rappeler à l'humilité, au moment où l'amour-propre froissé fait entendre une plainte. « Si l'on vous parle sous l'influence « de la passion, disait-elle, ne vous arrêtez pas à « la manière avec laquelle on s'est exprimé ; mais, « devant Dieu, réfléchissez sérieusement, et vous « reconnaîtrez, dans ce qui vous a blessée, un fond « de vérité qu'on n'aurait pas osé vous découvrir « de sang-froid. »

En récréation, la Mère Sainte-Emilie recevait de temps à autre toute une avalanche d'affectueux reproches, pour les gronderies largement distribuées

jadis aux délinquantes. « Avouez, mes enfants,
« disait-elle, que si le bon Dieu m'avait donné de
« longues dents pour mordre, il m'avait donné
« aussi de pouvoir panser les blessures. »

Lorsqu'il arrivait aux Sœurs, dans leur reconnaissance, d'énumérer le bien opéré sous son
gouvernement : « Je n'ai rien fait de ce qu'on
« m'attribue, répondait-elle. Je dis même qu'une
« religieuse plus habile, plus éclairée que moi,
« n'eût pas été capable, par ses seules forces, d'ac-
« complir ce qui s'est fait. Ce n'est pas l'humilité
« qui me fait parler, mais la justice demande que
« je proclame l'action de Dieu. Il me semblait le
« voir marcher devant moi pour m'indiquer le
« chemin. Oh ! que le Seigneur a été bon pour nous,
« mes Sœurs ; jamais nous ne le louerons assez,
« dussions-nous le faire jusqu'à la fin des siècles. »

Heureuse de vivre loin des difficultés du gouvernement, elle donnait une large place aux travaux
manuels qui facilitent l'exercice de la sainte présence de Dieu, vrai charme de toute vie religieuse.
Sa santé, qui s'était trouvée assez affaiblie pendant
son dernier supériorat, s'améliorait sensiblement.
On avait obtenu qu'elle quittât la cellule de Sainte-
Rose, située sous le clocher, et dont l'ascension lui
était devenue fort pénible. Elle choisit alors une
étroite chambrette du premier étage ; là, avait vécu
autrefois Mère Sainte-Mélanie de Kervégan ; tout

y parlait du passé. Sa nouvelle demeure, ornée d'une image représentant la mise de Jésus au tombeau, fut nommée le Saint-Sépulcre : Mère Sainte-Émilie allait s'y ensevelir pour se préparer à la mort et aux jugements de Dieu.

Sa retraite ne la trouva pas oisive : « Je vous « écris, dit-elle, au milieu d'une jeunesse espiègle, « et vous serez surprise d'apprendre que je surveille « les leçons de musique. — Mère Sainte-Émilie à « la musique, qu'elle aime loin d'elle !... — Oui, « c'est vrai, ma fille, mais le bonheur de pratiquer « la sainte obéissance rend douces à une religieuse, « des occupations qui lui seraient naturellement « antipathiques. »

Ses amis, ses anciennes élèves lui restaient chères. Elle s'efforçait encore de les porter au bien, leur parlait des charmes de la vie religieuse, de son désir du ciel « où, disait-elle, Dieu n'aura plus « d'ennemis, et où ses véritables enfants l'aimeront « sans crainte de le perdre. »

A cette époque, elle relut une dernière fois la correspondance des Pères Renault et Morin ; puis, craignant que les grâces particulières qu'elle avait reçues ne fussent dévoilées, elle jeta au feu ces lettres qui l'eussent consolée jusqu'à sa dernière heure.

La vieillesse est un mal incurable ; la Mère Sainte-Émilie le constate en ces termes : « Je ne suis plus

« qu'une pauvre vieille qui garde sa cellule et fait
« des bas, écrit-elle ; je deviens sourde, chaque
« jour ma vue s'affaiblit ; je perds la mémoire,
« excepté celle du cœur ; je suis bossue et toute
« *maléficiée*. Voilà le portrait de la misérable chré-
« tienne qui, jadis, avait l'air d'une personne
« comme une autre. Jugez si elle a besoin d'in-
« dulgence ! »

Durant ce premier triennat de Mère Saint-Jean
l'Evangéliste, des changements survinrent dans
l'administration spirituelle du diocèse et de la
communauté. Au mois d'octobre 1880, M. l'abbé
Gancel quitta la charge d'aumônier. Son départ
fut vivement senti de celles qui, pendant six ans,
avaient été l'objet de ses soins dévoués et intelli-
gents. Nul, plus que Mère Sainte-Emilie, ne rendait
hommage à la piété solide de cet ecclésiastique et
à ses vertus sacerdotales, qui, jointes à des qualités
naturelles très appréciées, lui avaient acquis la
confiance universelle. Nous avons dit plus haut la
réciprocité des sentiments de M. l'abbé Gancel.

M. l'abbé Perrichon prenait possession de l'aumô-
nerie, le 13 novembre 1880. C'était l'homme du
devoir par excellence ; la vénérable octogénaire
le trouva si fortement empreint des deux amours
qui avaient animé sa vie à elle-même, l'amour de
l'Eglise romaine et de l'Ecriture sainte, qu'elle ne
lui marchanda pas sa confiance.

Le 27 juillet 1882, la nouvelle de la mort de Monseigneur David retentit comme un coup de foudre, bien que ce triste événement fût prévu. La communauté de Quintin, en particulier, regrettait en lui plus qu'un supérieur, elle pleurait un père. Quelques jours avant sa mort, le bon évêque formait le projet d'assister pour la dix-huitième fois à la distribution des prix des élèves. « François, disait-il à son domestique, « nous pourrons bien, n'est-ce pas, aller chez nos « Ursulines ? Nous mettrons tout le temps voulu « pour nous y rendre sans trop de fatigue. » Hélas ! cette réunion, ordinairement si brillante et si joyeuse, porta le cachet du deuil et de la tristesse. Les instruments de musique restèrent muets, les armes épiscopales furent voilées de crêpe, le discours ne parla que de regrets. Chacun ressentait la commune douleur et la perte que le diocèse venait de faire. Mère Sainte-Emilie surtout pleura le vénéré Pontife qui l'avait toujours traitée avec tant de bienveillance, et c'est avec la mémoire du cœur qu'elle évoquait son pieux souvenir.

Elle écrivait : « Vous savez sans doute le grand « deuil causé à notre communauté par la mort de « notre digne évêque et supérieur. Je ne pouvais « avoir, je crois, de sacrifice plus pénible à offrir « à Dieu.

« L'éloge de Sa Grandeur est dans toutes les
« bouches ; les bons, les méchants, les indigents,
« les gens en place de tous partis, proclament ses
« bienfaits. Les pauvres ne peuvent tarir sur ce
« dernier point.

« Le jour de la distribution des prix de nos
« élèves, le fauteuil présidentiel était vide ; pas une
« note de musique ne s'est fait entendre ; tout s'est
« ressenti de notre grand deuil. Oh ! j'ai le cœur
« triste, comme la mort qui nous l'a ravi ! Priez
« pour Sa Grandeur, ma chère enfant, vous savez
« combien nous en étions aimées. »

Le nouvel évêque de Saint-Brieuc, Monseigneur
Bouché, rendit au mois de mars 1883, sa première
visite au monastère de Quintin. Profitant de cette
circonstance, la Mère Sainte-Emilie renouvela un
désir, bien souvent exprimé, celui de ne plus faire
partie du conseil de la Supérieure. Elle alléguait
son grand âge et une prétendue incapacité. Le
prélat, enfant du diocèse, qui savait l'autorité
morale exercée par la vénérée Mère et sa longue
expérience des personnes et des choses, ne voulut
point y consentir. Cette fois encore, elle dut se
résigner et se soumettre humblement.

CHAPITRE XIV

Bonheur de la vie religieuse. — Soixantième anniversaire de prise d'habit de Mère Sainte-Emilie. — Les apprêts de ses noces de diamant effrayent son humilité. — Fête du 17 novembre 1884. — Reconnaissance de Mère Sainte-Emilie pour les bienfaits du ciel ; sa gratitude pour ses sœurs et ses amies.

Ne sont-elles pas étranges les pensées du monde relativement au cloître ? Il en fait un tombeau où la tristesse règne en souveraine, et où la religieuse languit dans la douleur en attendant la mort.

Ces préventions sont fausses. L'âme qui se voue à Dieu est libre et joyeuse ; elle dédaigne, il est vrai, les plaisirs de la chair et des sens ; mais, sur les hauts sommets qu'elle habite, elle est plus heureuse, elle respire plus à l'aise que le mondain dans le cercle étroit de ses vains divertissements.

A la jeune fille qui quitte un père, une mère bien-aimés, des frères et des sœurs tendrement chéris, la *religion* offre la compagnie d'âmes d'élite, animées comme elle des plus nobles aspirations, capables de tous les dévouements, des sollicitudes les plus tendres et des plus merveilleuses délicatesses de la charité. Puis les monastères n'ont-ils pas de tout temps offert à leurs hôtes les saines et fortifiantes jouissances de l'esprit ? La science y a toujours été considérée « comme le piédestal de la foi, comme l'ostensoir d'or qui porte le Sauveur. »

L'étude fait donc goûter à la religieuse les plaisirs de l'esprit, tandis que le silence, le calme, la prière, les saintes méditations lui sont un avant-goût du bonheur de la patrie.

Dans le cloître, point d'intrigues ; la charité du Christ couvre les derniers restes de la misère humaine, et la joie s'épanouit sur tous les visages, parce que la paix règne dans tous les cœurs.

Les délassements ne sont point non plus bannis de la *religion*. On y connaît les fêtes intimes, qui ne laissent point après elles le remords et le trouble, fêtes réelles, vraies en tout sens. Et s'il arrive à quelques privilégiés d'en être les heureux témoins, ils se retirent sous le charme, disant : « Nous ne savions pas qu'il fût si doux de vivre comme des frères !... Voyez comme ils s'aiment ! »

La communauté de Quintin avait conservé des coutumes antiques : *gouvernement* des novices, le jour des Saints Innocents ; *royauté* éphémère de l'Epiphanie ; échange de fonctions le jour de la

Sainte Marthe entre les *Marie* et les sœurs converses, etc.

Celle qui devait réformer tant d'abus, laissa subsister ces réjouissances ; elle comprenait trop bien que la nature ne peut constamment rester sous le joug ; donc point d'entraves à la joie en ces heures de liesse.

De leur côté, les filles de la Mère Sainte-Emilie se faisaient un devoir de témoigner à leur mère, en toute circonstance, une profonde et respectueuse affection. C'étaient de petits ouvrages, confectionnés dans le secret de la cellule, qu'on lui offrait lors de sa fête ; c'étaient des poésies et des chants qui célébraient sa bonté maternelle.

A ses noces d'or, on avait déployé presque de la magnificence ; ses noces de diamant ressemblèrent à un triomphe.

Le 24 septembre 1883, était le soixantième anniversaire de sa prise d'habit. Pour fêter cette aurore des noces de diamant, on imagina une surprise d'un nouveau genre et qui, croyait-on, devait satisfaire les inclinations de l'heureuse doyenne. Tant de fois on l'avait entendue parler des anciennes Mères qui la reçurent à la profession, des Sœurs qu'elle aima et connut plus intimement qu'il fut facile de les caractériser en les faisant apparaître à la soirée. Un chant mélodieux annonça leur venue. S'associant à la joie commune, elles adressèrent à l'héroïne du jour des paroles en harmonie avec les sentiments qui avaient jadis inspiré leurs rapports.

Puis, avant de s'éloigner, les habitantes de l'empyrée annoncèrent leur retour pour les noces de diamant ; après quoi elles échangèrent avec leurs sœurs de l'exil un affectueux adieu.

Tout émerveillée de cette apparition qui portait en soi presque un cachet de réalité, la Mère Sainte-Emilie ne soupira plus qu'après le bonheur d'être réunie aux chères visiteuses ; mais ces dernières avaient dit vrai, et la cérémonie qu'elles annonçaient devait revêtir une pompe dont les apprêts effrayèrent l'humilité de celle qui devait en être l'objet.

« Notre Mère Supérieure tient absolument à
« célébrer mon soixantième anniversaire de pro-
« fession religieuse, écrit-elle. J'ai la communauté
« et tant de personnes importantes contre moi (1)
« que je suis obligée de faire un grand acte
« d'obéissance. Il sera, je crois, le plus inouï et le
« plus difficile que j'aie fait depuis soixante ans. »

Pour se préparer à cette seconde rénovation, Mère Sainte-Emilie fit une retraite où, seule avec

(1) Dom Guépin, abbé de Saint-Dominique de Silos, dit à ce sujet : « Une femme qui a tant travaillé à conserver la foi dans la ville de Quintin, doit être entourée d'honneur à pareil jour. »

Dieu seul, elle repassa de nouveau dans l'amertume de son cœur les fautes commises depuis les premières lueurs de sa raison.

Humblement prosternée au pied de ses Sœurs, elle sollicita leurs prières en vue d'obtenir cette miséricorde divine dont elle sentait de plus en plus le prix, en touchant aux limites de l'éternité.

Le 17 novembre arriva enfin ; ce jour compte pour le monastère parmi ses fêtes les plus solennelles ; il fut sans précédent. Le soleil se leva radieux sur un ciel sans nuages : on eût dit que la nature elle-même voulait fêter l'épouse du Seigneur.

Bientôt la chapelle se remplit d'une foule pieuse et sympathique. Le chœur des Religieuses est orné avec élégance : des lustres, alternant avec des corbeilles de fleurs, sont disposés de distance en distance. Des touffes de lis forment les angles d'une estrade sur laquelle sont placés le fauteuil et le prie-Dieu de la Révérende Mère. Au-dessus de sa tête est suspendue une couronne, quatre anges la soutiennent d'une main, tandis que de l'autre ils montrent celle qui l'attend aux cieux. Une banderole reliant les deux dernières colonnes de l'estrade, porte ces mots : *Pauvreté, Chasteté, Obéissance,* surmontés du blason de l'Ordre et d'une couronne d'épines. Puis, de ci de là, au milieu de faisceaux d'oriflammes, on lit les dates mémorables de l'exis-

tence de Mère Sainte-Emilie. Un trône a été préparé
dans le sanctuaire pour Monseigneur Bouché ;
l'autel, paré comme aux plus grandes fêtes, res-
plendit d'or et de lumière.

Voici l'entrée de chœur qui commence. Les
élèves voilées précèdent les religieuses, qui s'avan-
cent lentement au chant du *Lætatus sum in his quæ
dicta sunt mihi, in domum Domini ibimus ;* puis
douze enfants, couronnées de fleurs, portent de
touchants symboles : des bouquets, le cierge, le
registre, le bâton fleuri ; viennent enfin la Révérende Mère Supérieure, la Mère Assistante et la
Mère Sainte-Emilie accompagnée de deux jeunes
filles vêtues de blanc.

L'orgue se tait, et M. l'abbé Perrichon, entouré
d'un nombreux clergé, remercie Sa Grandeur
d'avoir bien voulu présider cette fête de famille. Il
retrace la carrière de la vaillante Ursuline dans un
discours où la précision des termes n'est surpassée
que par l'élégance et le charme du style. En voici
quelques extraits :

. . . .

« Il y a soixante ans, à pareil jour et à pareille
« heure, la Mère Sainte-Emilie consommait son
« sacrifice en prononçant ses vœux de religion
« entre les mains d'un prêtre qui vit encore, et
« dont la présence donnerait aux *noces de diamant*
« que nous célébrons, un cachet de rare et tou-

« chante beauté ! — Ce prêtre a le droit d'être
« nommé en ce jour. Nous envoyons donc au
« vénérable M. Bourda (1), dans sa retraite de
« Lamballe, avec nos regrets de ne pas le voir ici,
« notre plus respectueux souvenir.

« Mère Sainte-Émilie venait chercher dans cette
« maison l'ombre et l'obscurité. Toute son aspiration
« était d'y couler ses jours et de passer de sa
« cellule au Paradis ; mais d'autres destinées lui
« étaient faites. La Providence ne veut pas que la
« lumière soit ensevelie sous le boisseau.

« Toute jeune encore, elle fut chargée des
« postes les plus importants et les plus délicats ;
« et bientôt, malgré son extrême répugnance, elle
« dut occuper le premier rang. Depuis ce moment,
« c'est-à-dire depuis un demi-siècle, elle est l'âme
« et l'inspiratrice de cette communauté. Elle a
« présidé ou participé pour la plus large part à
« tout ce qui s'y est fait d'utile, de grand, de saint.

« Elle y a maintenu la ferveur religieuse qui en
« fait le bonheur, la régularité qui en fait la force ;
« elle y a développé et perfectionné l'éducation
« chrétienne qui en fait la réputation.

« Et le secret de toutes ces belles choses qu'elle
« a opérées, elle l'a trouvé sans doute dans l'amour

____

(1) Aumônier des Ursulines de Lamballe, durant un demi-
siècle.

« de Dieu et du prochain, mais elle l'a trouvé aussi
« dans cette qualité maîtresse, que les anciens
« appelaient *virtus*, et qui n'est autre chose que
« la force de l'âme appliquée constamment au
« bien.

« Monseigneur, vos trois prédécesseurs sur le
« siège de Saint-Brieuc ont rendu témoignage à la
« perspicacité de son esprit, à la sûreté de son
« jugement, à la noblesse de son caractère, à la
« sagesse de son administration, et toutes les per-
« sonnes qui ont eu le bonheur de l'apprécier et
« de vivre sous sa direction, connaissent le prix de
« ses conseils, la bonté de son cœur, la constance
« de son affection, l'inaltérable sérénité de son
« âme dans la bonne comme dans la mauvaise
« fortune, car une si longue existence suppose
« nécessairement l'une et l'autre.

« Aussi, Monseigneur, si la modestie n'arrêtait
« sur ses lèvres l'expression de la vérité, l'humble
« religieuse qui est l'objet de cette fête, pourrait
« résumer toute sa vie jusqu'à ce jour dans ce vers
« du vieux croisé : « *Seigneur, j'ai combattu soixante
« ans pour ta gloire.* »

« Une si belle carrière appelle une couronne ;
« votre Grandeur va la lui décerner. Cette couronne
« est modeste, comme il convient à l'épouse d'un
« Dieu pauvre. Mais, entre les fleurs, nous verrons,
« sans effort, briller des pierreries et des diamants :

« ce sont les vertus et les mérites de celle qui va
« la recevoir.

« Vous allez aussi lui offrir un bâton de vieil-
« lesse ; hâtons-nous de le dire, ce bâton n'est
« qu'un symbole, un emblème. Dieu merci ! il
« n'est et ne sera d'ici longtemps une nécessité.

« Monseigneur, au sacre de l'Evêque, on entend
« cette parole : « *Ad multos annos !* » Il y a deux
« ans, à pareille époque, vous la disiez à votre
« illustre consécrateur, et tous vos diocésains vous
« adressaient le même souhait. Depuis, nos senti-
« ments et nos désirs n'ont fait que se fortifier.

« Permettez-nous donc, en ce moment, d'unir
« à votre nom celui de la vénérable Mère Sainte-
« Emilie et de vous dire à tous deux : « *Ad multos*
« *annos !* »

Le Pontife répondit à ce discours de la manière
la plus affectueuse, puis, accompagné de ses grands
vicaires, il déposa, sur la tête de l'héroïne de la
fête, la couronne de roses blanches et lui remit le
bâton fleuri.

La sainte Messe commença au milieu de la
majesté des pompes liturgiques ; la vénérée Mère
priait dans un profond recueillement. Le moment de
la communion venu, elle se rendit à la sainte table,
suivie de son cortège ; devant la sainte Hostie, elle
renouvela ses engagements sacrés, et reçut le Dieu
d'amour. Le ciel comme la terre était attentif à ce

spectacle, et Jésus pouvait dire à ses anges : « La voyez-vous, mon épouse fidèle ? Entendez-vous ses concerts de louanges ? Encore quelques jours, et nous ceindrons son front de l'immortelle auréole ! »

Le saint Sacrifice achevé, Monseigneur annonce que le Souverain Pontife, informé de cette fête, a voulu y prendre part en envoyant sa bénédiction à Mère Sainte-Emilie et à toute l'assistance.

Le chant du *Te Deum* se fait ensuite entendre ; les religieuses et les enfants se succèdent pour embrasser la bonne jubilaire, qui a pour toutes un sourire affectueux.

Seules d'abord, les anciennes élèves et les congréganistes avaient obtenu la faveur d'une entrée dans le monastère. Elles s'y répandaient comme un joyeux essaim, lorsque, peu après, l'Evêque donna une permission générale. La vénérable Mère, assise dans la salle de réception, accueillait chacun avec une amabilité charmante. Plusieurs lui demandaient sa bénédiction ; les hommes eux-mêmes s'agenouillaient pour la recevoir. Tous lui offraient des vœux de longue vie, et se retiraient charmés de son esprit et de sa bonté.

Au gré des visiteurs, la cloche donna trop tôt le signal du départ ; elle annonçait le salut solennel du Très Saint-Sacrement. Après cette dernière cérémonie, la foule s'écoula disant qu'elle avait assisté à une fête du paradis, dont elle ne perdrait jamais le souvenir. Nous croyons que rien ne saurait mieux redire les sentiments éprouvés en cet heureux jour, que les vers composés par une ancienne élève. Cette poésie fut offerte par l'auteur à la Mère Sainte-Emilie, dans une magnifique rose blanche, symbole d'un filial attachement.

Ouvrez-vous, ouvrez-vous, portes du monastère,
Laissez monter vos flots rapides et pressés :
En foule nous venons pour fêter une mère,
Et de ses saints baisers nos cœurs sont altérés.

C'est un jour de liesse où s'abaisse la grille ;
C'est un jour de repos après bien des labeurs ;
C'est un jour d'union pour la grande famille
Qui, de tous les pays, rassemble ici des sœurs.

C'est un jour sans rival entre les jours prospères ;
C'est au seuil de l'hiver un jour plein de soleil :
Depuis que l'architecte en a dressé les pierres,
Les vieux murs du couvent n'ont rien vu de pareil.

Cloches, lancez dans l'air vos notes les plus belles,
Et luttez avec l'orgue aux sublimes accords.
Autels, parez-vous d'or, de fleurs et de dentelles ;
Cloîtres, rajeunissez, sous vos brillants décors.

Non, rien n'est assez beau pour cette fête unique,
— Instant du paradis sur la terre passé. —
Ecoutez.... n'est-ce pas un concert séraphique ?..,
Je ne me trompe pas, des anges ont chanté,

Mais leur hymne s'éteint, et l'épouse sacrée
Vient, au pied de l'autel, redire ses serments ;
Depuis qu'au Dieu de vie elle s'est fiancée,
Sur son front vénérable ont passé soixante ans.

Soixante ans de travail, soixante ans de prière !
Soixante ans de fatigue et d'immolation !
Soixante ans, pour ses sœurs, d'un dévouement sincère !
Soixante ans d'amour pur et de perfection !

Ah ! quelle sera donc sa digne récompense ?....
Mais elle la possède, ô Seigneur, et c'est vous ;
Car son âme est un ciel où, triomphant, commence
Le cantique éternel à l'invisible époux.

Ineffable union, qui donc peindra tes charmes ?
Qui, sinon ces grands cœurs qui suivirent l'Agneau ?
Nous qui du monde avons connu les deuils, les larmes,
Nous bégayons, hélas ! devant un tel tableau.

Nous ne pouvons que dire à la sainte, à la mère,
Au milieu des splendeurs de son bienheureux soir :
« Bénissez vos enfants, et que votre prière
« Aplanisse pour nous le sentier du devoir ! »

Il faut reprendre, hélas ! la tâche interrompue
Et quitter ce Thabor aux divines lueurs ;
Du moins en nous guidant sur la route âpre et nue,
Un de ses purs rayons réchauffera nos cœurs.

Adieu fête, adieu chants, adieu cher monastère,
Séjour de notre enfance, asile bien-aimé
D'innocence et de paix ; adieu sœurs, adieu mère,
Merci de ce beau jour comme une heure écoulé.

Une si belle fête ne pouvait finir avec le jour ; le lendemain, le pensionnat reçut la visite de Mère Sainte-Émilie dans une salle de récréation transformée en bosquets : des chants, des poésies fêtèrent l'épouse fortunée du Seigneur.

Parmi toutes ces voix enfantines, il en est une qui a frappé son oreille ou plutôt son cœur. C'est une petite-nièce de cinq ans qui lui débite un compliment naïf comme son âge. En voici le début :

> Moi, je suis de votre famille,
> Même votre petite-fille,
> Puisque c'est vous qui de maman
> Fûtes la mère en ce couvent.
>
> •
>
> Oh ! oui, vous serez ma grand'mère,
> A votre cœur, je serai chère,
> Je serai votre Benjamin,
> Dites-moi que vous m'aimez bien.

. . . .

Nul ne fut oublié. Les élèves externes eurent, elles aussi, leur joyeuse réception. Puis ce fut le tour des personnes de services et des ouvriers de la maison ; ils ne furent pas les moins enthousiasmés, lorsque, conviés à une table abondamment servie, la Révérende Mère répondit aux toasts qui lui étaient portés. Des chants suivirent, et une bonne vieille retrouva les accents de sa jeunesse pour accompagner l'offrande d'un bouquet.

Il nous reste à parler de l'accueil que la communauté fit à sa Mère bien-aimée un des jours de l'octave.

A la porte d'entrée de la salle de récréation, s'élevait un arc de triomphe avec cette inscription en lettres d'or : *Veni electa mea*. Lorsque la Mère Sainte-Emilie parut, Mère Saint-Jean l'Evangéliste, supérieure, s'avança vers elle et lui adressa ces quelques mots :

« BONNE ET VÉNÉRÉE MÈRE,

« Il y a tout à l'heure vingt ans, vous appliquiez
« à une autre jubilaire les paroles d'un saint
« prophète. Permettez-moi de vous les redire à
« mon tour, car en vous elles trouvent aujourd'hui
« un plus parfait accomplissement.

« *Promène tes regards autour de toi, vois cette foule*
« *de peuples qui s'avance ; tes fils viendront de Sion,*
« *tes filles s'élèveront à tes côtés. Alors tu verras, et*
« *ton cœur admirera et sera inondé de joie.* »

« Oui, bonne Mère, ce spectacle vous a été
« donné au jour de votre soixantaine : vous avez
« vu accourir des amies d'enfance, des générations
« formées par vos mains. Votre cœur a été douce-

« ment et profondément ému en voyant leur
« empressement à recevoir votre bénédiction ma-
« ternelle. Mais, ô Mère bien-aimée, la plus large
« part de bonheur dans cette fête est pour celles
« qui ont l'avantage de vivre près de vous. Elles
« sentent si bien ce qu'elles vous doivent de
« reconnaissance et d'amour, qu'elles sont heu-
« reuses des honneurs qui vous ont été solennel-
« lement rendus, et par Monseigneur notre Evêque,
« et par le nombreux clergé qui rehaussait l'éclat
« de la cérémonie.

« L'éloquent discours qui a retracé votre exis-
« tence uniquement consacrée à la gloire de Dieu
« et au bien des âmes, n'a été, ma bonne Mère,
« que l'écho fidèle des sentiments de nos cœurs ;
« de même que les bergers s'en retournant de
« Bethléem, nous louons et bénissons le Seigneur
« de ce que nous avons vu et entendu, et nous le
« supplions de vous conserver longtemps à notre
« amour et à notre vénération. *Le Tout-Puissant*
« *a fait en vous de grandes choses, il a déployé la*
« *force de son bras ; son nom est saint.* »

Vivement émotionnée, Mère Sainte-Emilie prit
place sur une estrade qui disparaissait sous les
fleurs. Près d'elle se tenait, comme un *vétéran* de
la vie religieuse, Mère Marie-Céleste qui, cinq
années auparavant, avait célébré ses noces d'or.
Dans les importantes fonctions dont elle fut chargée,

elle mérita le surnom de fille de l'obéissance. L'une et l'autre représentaient la génération qui avait opéré le relèvement du monastère après la Révolution, et les religieuses les unissaient dans leurs hommages reconnaissants.

Huit jours après, Mère Sainte-Emilie exprima ses remerciements à ses filles pour les témoignages de sympathie qu'elle en avait reçus ; nous y retrouverons les impressions de sa grande âme.

« Louée, adorée, remerciée, soit la Très adorable
« Trinité ! A jamais, gloire au Père, au Fils et au
« Saint-Esprit, à présent et toujours dans les siècles
« des siècles ! Ainsi soit-il !

« Oh ! oui, gloire à vous, auteur de tous les
« biens qui coulent avec tant d'abondance sur vos
« pauvres enfants de cette maison bénie de la
« Sainte-Famille de Jésus ! Veuillez, en ce jour
« de sa soixantaine religieuse, accorder à celle
« qui, bien que la dernière en vertus et en mérites,
« a l'honneur de porter depuis plus longtemps le
« titre de votre Epouse, le bonheur de voir
« dans sa chère communauté un renouvellement
« de joies saintes et innocentes ; que tous les
« cœurs s'unissent pour entonner un hymne de
« reconnaissance qui se continue dans les profon-
« deurs de l'éternité.

« Vous agréerez aussi, Sauveur adorable, que je
« vienne, moi, pauvre Emilie, indigne objet de

« cette fête, en compagnie de mes Sœurs, remer-
« cier la bonne et vénérée Supérieure que vous
« nous avez donnée pour nous conduire à vous,
« et qui, dans l'élan de sa charité, a déployé, dans
« cette circonstance, toute la munificence de son
« grand cœur.

« Merci donc, bonne et Révérende Mère, d'avoir
« fait bénir mon Jésus par tant d'âmes pieuses et
« vraiment chrétiennes, de tout âge, de tout rang,
« qui sont venues, à votre appel, glorifier le
« Seigneur dans l'une de ses épouses. Recevez
« l'expression de ma sincère reconnaissance !

« Que vous dirai-je à vous, Sœurs bien-aimées,
« dont rien n'a pu égaler le dévouement si plein
« de la plus aimable charité ? O Sœurs si chères
« à mon cœur, s'il était possible d'accroître mon
« affection pour vous, les jours qui viennent de
« s'écouler l'auraient certainement fait ; mais non,
« cette affection est fixée en Dieu, et seule notre
« réunion au ciel pourra la rendre plus parfaite.
« Mais, au moins ici, laissez-moi vous remercier
« de votre délicatesse ; j'en ai été profondément
« touchée, car les splendides décors admirés du
« public ont été le fruit de veilles, de privations
« de tout genre. Que de récréations, que de
« moments précieux ont été sacrifiés en ma faveur !
« Oh ! j'ai senti tout cela, et la durée de ma
« gratitude sera éternelle !

« O beau ciel tant désiré, quand mes pieds se
« poseront-ils enfin dans tes sacrés parvis !

« Et vous, bonnes Sœurs, qui, livrées à vos
« travaux n'avez pu jouir de la fête religieuse,
« vous étiez aussi présentes à mon esprit et à mon
« cœur ; je n'ai pas de parole pour vous exprimer
« à toutes ce que je ressens.

« Merci enfin à vous, bons et fidèles serviteurs.
« Tous vous avez contribué à l'embellissement de
« cette fête ; je conserverai le souvenir de votre
« affection et de vos fatigues endurées si gracieuse-
« ment pour moi. J'appelle les bénédictions du
« ciel sur tous ceux qui se sont réjouis de mon
« bonheur, au jour du renouvellement des vœux
« sacrés qui m'ont liée à mon Dieu pour une
« éternité.

« Tout a été grand, admirable dans cette pieuse
« solennité, mais le bon Maître a voulu nous
« rappeler néanmoins que rien n'est parfait ici-
« bas, et de même que vos fleurs si belles, si
« odorantes ont perdu leur fraîcheur au bout de
« cette octave bénie, de même un nuage de
« tristesse a plané sur la fête. La croix a dû
« apparaître ; mais, espérons-le, la prière, si puis-
« sante sur le Cœur de Jésus, obtiendra la santé
« du cher absent, et notre allégresse sera com-
« plète. Recourons pour lui, mes Sœurs bien-
« aimées, à la Reine du ciel : « *O Marie conçue*

« *sans péché, priez pour nous qui avons recours à*
« *vous !* » (1).

En terminant ce doux entretien, je veux redire :
« O Dieu de mon cœur, soyez mon partage à
« jamais ! Bénissez cette petite famille, accroissez
« jusqu'à son entière perfection son amour pour
« vous, avant qu'elle entende votre voix divine la
« rappeler dans votre sein. *Jésus, Marie, Joseph,*
« *Joachim et Anne, secourez-nous maintenant et à*
« *l'heure de notre mort.* »

Peu après, la Révérende Mère parlait en ces
termes de cette fête réconfortante : « Le voilà
« écoulé, ce jour que j'ai attendu pendant quatre
« mois avec une appréhension extrême. Une fois
« venu, ce jour si redouté m'a procuré une paix,
« une joie intérieures telles que je n'en avais jamais
« goûté de pareilles ; aussi, chère enfant, si votre
« vénérée Mère Vicaire éprouve autant d'anxiété

---

(1) L'absence à laquelle faisait allusion la vénérée Mère,
était celle de M. l'abbé Le Fèvre, ancien aumônier du monastère. Cet ecclésiastique n'avait cessé de lui donner des marques
d'intérêt et d'estime.

Il se faisait une fête d'assister aux noces de diamant de la
Mère Sainte-Émilie, lorsque, la veille, il fut pris d'une indis-
position subite. Les prières adressées pour son rétablissement
ne furent pas exaucées. Dieu voulait récompenser les vertus
de son fidèle serviteur et, après quinze jours de maladie, il le
rappelait à lui. Sa chère communauté de Quintin lui paya un
juste tribut de regrets et de prières.

« que moi, qu'elle se console, car ce ne sera pas
« elle, mais bien la sainte religion que l'on exaltera
« dans sa personne.

La Mère Sainte-Emilie traçait encore ces autres
lignes : « Je remets à une longue visite à vous
« dire quelque chose des grâces que le bon Dieu
« m'a faites en cette belle cérémonie du dix-sept
« novembre. Quelle faveur insigne de me retrouver
« après soixante ans, au même jour, à la même
« heure, pour renouveler les vœux qui m'unissent
« au Jésus de ma jeunesse. N'était-ce pas mettre
« le comble à ses bontés dont j'étais indigne, de
« me permettre, avant de descendre dans la tombe,
« de redire, à la face du ciel et de la terre, plus
« encore de cœur que de bouche, mes serments
« solennels. Réunissez-vous à moi pour chanter
« l'hymne de la reconnaissance et suppléer à mon
« peu de ferveur. »

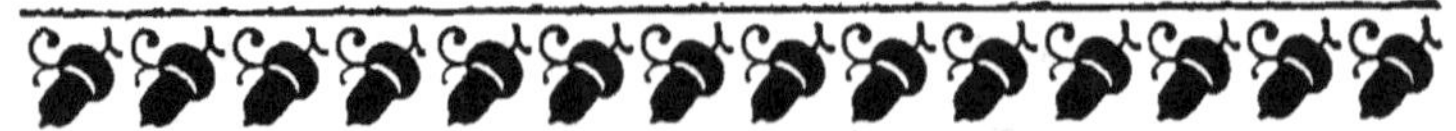

CHAPITRE XV

Dernières années de Mère Sainte-Emilie. — Ses souffrances.
Sa conformité à la volonté de Dieu. — Sa mort. — Ses
obsèques. — Discours prononcé par M. l'Archiprêtre de la
Cathédrale de Saint-Brieuc.

Après la célébration de ses noces de diamant,
il semblait à Mère Sainte-Emilie qu'elle pouvait
entonner son *Nunc dimittis*. Sa journée n'était-elle
pas achevée ? et Dieu n'avait-il pas ceint son front
des plus beaux diadèmes que l'on puisse envier
ici-bas ?

A ces virginales couronnes, manquait-il donc
quelques fleurons ? C'est le secret du Ciel. Ce qui
est certain, c'est que l'Epoux, jaloux de la gloire
de son épouse, fit éclore de nouvelles fleurs qui
ravirent son divin regard.

Pendant près d'un demi-siècle, les affaires de la
communauté n'avaient marché que sous l'habile
direction de la Mère Sainte-Emilie ; mais, depuis
quelques années déjà, une phase bien crucifiante
avait commencé. Affaiblie par l'âge et les soucis,

sa belle intelligence s'éteignait peu à peu ; c'était une lueur vacillante qui allait devenir de plus en plus douteuse.

Bien qu'entourée de soins délicats et d'affectueux dévouements, la vénérée Mère devait subir, on le conçoit, un isolement relatif, et pour quiconque a longtemps commandé, est-il plus dure épreuve ?

Puis cette dissolution lente et douloureuse qui précède la mort du vieillard, s'accentuait chaque jour, ne laissant à la vénérable octogénaire qu'une seule consolation, celle d'aimer Dieu et l'Eglise avec toute la virilité de sa jeunesse. C'est que la mort est l'écho de la vie, et si, dans les cinq années qui nous restent à retracer, les défaillances morales sont comme les ombres qui accompagnent le soir, la foi vive, l'amour divin qui dominent tous les actes de la pieuse Ursuline, nous paraissent l'aurore du jour sans fin où la nature humaine, laissant tomber à terre les haillons de sa mortalité, s'élève jusqu'à celui qui est son centre et son tout.

La miséricordieuse bonté laissera sentir à la vénérable Mère ce que cette lutte entre la vie et la mort a de pénible et d'humiliant. « La terre m'appelle, disait-elle parfois ; Dieu me donne le moyen d'expier les fautes d'amour-propre que j'ai commises ; que son saint Nom soit glorifié ! »

De fait, à aucune époque, on ne vit la Mère Sainte-Emilie poursuivre avec tant d'ardeur l'œuvre de purification que, de concert avec le ciel, elle voulait achever en cette vie. Si souvent elle avait dit : « Mon Dieu, je n'aime pas votre purgatoire, » que Dieu l'exauçait en lui permettant de payer ici-bas, à sa justice, les dettes contractées pendant une carrière de plus de quatre-vingts ans.

En 1885, une grave maladie vint alarmer la communauté et conduire notre Mère aux portes du tombeau. Au milieu de ces douleurs, la plus douce consolation de la malade était de contempler le crucifix : « Je lui ai confié tant de choses, répétait-elle, que sa seule vue me console et me réjouit. » Elle reçut les derniers sacrements avec une entière soumission à la volonté de Dieu, exprimant des sentiments de piété et de contrition dont l'aumô-nier était édifié.

Ses filles l'entouraient et réclamaient sa bénédic-tion ; mais elle, conservant sa présence d'esprit, gardait le silence le plus absolu. A des instances réitérées, elle répondit avec l'accent d'une humilité profonde : « Le prêtre est là. » Comprenant sa pensée, l'aumônier sollicita pour lui et l'assistance cette bénédiction tant souhaitée.

C'est qu'elle était sincère l'estime de M. l'abbé Perrichon pour la Mère Sainte-Émilie. Il avait été appelé, en toute hâte, pour l'administrer, alors qu'il prêchait une mission au-delà de Quintin. Aux excuses qui lui furent faites : « Je ferais vingt lieues, dit-il, pour me rendre près de votre bonne Mère. » Et quelques jours plus tard, il ajoutait : « Je ne voudrais pas manquer une seule des visites que je suis autorisé à lui rendre, afin de ne pas me priver de l'entendre parler de Dieu. » Et, cependant, cette belle intelligence était à son déclin.

Mère Sainte-Emilie avait un pressentiment que cette maladie n'irait pas à la mort. » On s'agite beaucoup autour de moi, disait-elle, mais je vivrai encore quelques années. « En effet, un mieux sensible s'opéra et, entrée en convalescence, elle écrivait : « Je reviens à la vie d'une manière sur-
« prenante, mais je ne puis recouvrer le moindre
« souvenir de ce qui s'est passé lorsque je suis
« tombée malade. Ce que je n'oublie pas, ce sont
« les nombreux actes de charité dont j'ai été
« l'objet. »

« Oui, écrit-elle encore, les œuvres de la pauvre
« Emilie ont été trouvées si peu dignes de Dieu
« qu'après l'avoir appelée, il a jugé qu'elle avait
« besoin de rester sur la terre, avant de paraître
« dans la compagnie de ses élus. Recevez, je vous
« prie, l'expression particulière de ma reconnais-
« sance pour l'amitié que vous m'avez témoignée
« ainsi que mes enfants, Augusta et Alix. Cette
« triste lettre est conforme à mon pauvre esprit
« et non à mon cœur ; je réclame votre indul-
« gence. »

A peine remise, la vénérable octogénaire voulut reprendre la récitation du saint office. « Puisque Dieu veut que je vive encore, donnez-moi notre livre d'heures, afin que je loue Dieu comme on le fait ici-bas. »

L'affaiblissement de sa voix lui fut une grande privation. Elle suivait péniblement la psalmodie, sans cesser pour cela de donner l'exemple de la ferveur et de la régularité.

Craignant de ne pas entendre la cloche des exercices conventuels, elle demanda d'être prévenue à temps. Lorsqu'on se présentait à la porte de sa cellule, son remercîment habituel était : « Ma bonne petite sœur, que le Seigneur soit votre récompense ! »

Les élections de mars 1886 amenèrent de nouveaux changements dans l'administration du monastère. Cette fois, Mère Sainte-Emilie obtint de ne plus faire partie du conseil de la communauté. Son vœu le plus cher s'accomplissait : elle mourrait sans charge aucune. Comme on la félicitait de ce bel exemple d'humilité et de désintéressement, elle prétendit n'accomplir que la plus stricte justice. « Si l'on a pu remplir un office, ajouta-t-elle, il est bon de reconnaître soi-même le moment où les aptitudes font défaut. »

Néanmoins, elle ne voulait pas être inutile. Elle alla se prosterner aux pieds de sa nouvelle supérieure, la suppliant de l'employer à l'enseignement, fût-ce avec les plus petites externes. Touchée de ce zèle que l'âge n'avait pu éteindre, Mère Marie des Séraphins lui confia l'instruction religieuse des élèves du grand ouvroir et les leçons de lecture latine aux novices. C'était l'appliquer aux œuvres qu'elle avait le plus aimées, elle s'y prêta de tout cœur. Elle continuait aussi de s'intéresser à l'éducation de la jeunesse, au point qu'elle témoigna son déplaisir de n'avoir pas été invitée à la distribution des prix de l'externat : « J'estime toutes ces enfants, dit-elle en cette circonstance, j'aurais été heureuse de le témoigner, par ma présence, aux nombreux ouvriers qui se dépensent pour nous. » On avait craint de la fatiguer, mais il était difficile de lui faire accepter pareille excuse.

Toujours aussi compatissante, Mère Sainte-Emilie se rendit un jour au noviciat, demandant à voir une jeune fille qui ne pouvait se consoler d'être privée de ses parents. Prenant à part la nouvelle venue, elle lui adressa ces paroles affectueuses : « Mon enfant, réjouissez-vous d'avoir été choisie « par Dieu pour vous consacrer à lui ; comme vous, « je lui ai offert les premières années de ma jeu- « nesse, et je lui en rends de vives actions de grâces. « Ah ! si vous saviez comme il fait bon d'être « l'épouse de Jésus-Christ ! Non, toute l'éter- « nité ne suffira pas pour le remercier d'une

« telle faveur. Dès à présent soyez entièrement à
« lui, aimez-le, il vous le rendra ; il bénit le
« cœur qui se donne avec joie. Qu'il récompense,
« mon enfant, votre désir d'être à lui à jamais. »

Une des épreuves les plus sensibles de la vieillesse
de Mère Sainte-Emilie, fut le départ de M. l'abbé
Perrichon, nommé recteur d'une des paroisses les
plus importantes du diocèse. « J'avais toujours
« pensé, écrit-elle, que M. l'abbé Perrichon rece-
« vrait mon dernier soupir. Ma confiance en lui
« était illimitée ; sa doctrine sûre m'était un grand
« secours. Il n'y faut plus compter, puisque le bon
« Dieu en juge autrement. »

Elle reçut M. l'abbé Rabin comme l'envoyé du
Seigneur, et le jeune aumônier put admirer cette
belle âme dont l'intelligence retrouvait sa lucidité
lorsqu'il s'agissait des choses de Dieu.

On avait obtenu que la vénérable Mère quittât
son *Saint-Sépulcre* pour habiter un appartement
attenant aux infirmeries. Son temps était partagé
entre les exercices de piété et le travail manuel.
Elle passait des heures entières dans la tribune en
face du Saint-Sacrement, lisant la messe et les
offices de l'Eglise ou répétant des aspirations pleines
d'une amoureuse confiance : « Mon Dieu, que je
« vous aime ! Merci de m'avoir humiliée pour
« l'expiation de mes péchés ; je vous offre ces
« humiliations pour que nos jeunes religieuses vous

« servent bien. » Il était difficile de l'arracher à
ses pieux colloques. « Oh ! encore quelques instants,
« disait-elle, lorsqu'on l'invitait à se rendre au
« réfectoire. Avez-vous un livre comme celui-ci,
« ma petite fille ? »

Pour l'amener à prendre quelque nourriture,
l'infirmière évoquait la pensée de l'obéissance ou de
la sainte règle, et, soumise comme une enfant, elle
quittait Dieu pour Dieu. La nuit n'interrompait pas
son commerce avec le Bien-Aimé ; la sœur converse, qui ne la quittait plus, l'entendait murmurer :
« Mon Dieu, donnez-moi le degré d'intelligence
« qui m'est nécessaire pour vous glorifier !... Que
« je sois tout à vous !... Que je commence à vous
« aimer !... Venez à mon aide !... Vous voir,
« mon Dieu ! »

L'après-midi se passait ordinairement en compagnie des religieuses infirmes ou convalescentes.
Mère Sainte-Émilie tricotait des jarretières....
Elle y apportait une aussi grande application
qu'aux broderies de soie qu'elle exécutait autrefois
avec un rare talent. Un soir qu'elle s'entretenait
de son travail avec sa sœur Thérèse : « Emilie, lui
dit celle-ci en riant, prends bien garde d'avoir de
l'orgueil de tes tricots ! — Oh ! oui, de l'orgueil,
répondit l'aimable Mère, je finis par où les autres
commencent. » Lorsque les jarretières furent en
nombre suffisant, il en fut fait, à toutes les sœurs,

une distribution *solennelle*. C'était le quinze août ; assise au pied d'un noyer demi-séculaire, la Mère Sainte-Émilie remit elle-même à chacune de ses filles, ce dernier présent de sa tendresse. On nous pardonnera ce détail, infime peut-être, qui nous montre la vénérable mère, fidèle, à quatre-vingt-sept ans, aux principes de sa vie entière : elle s'acquitte de ce dernier emploi avec toute la perfection possible, parce qu'elle sait par là glorifier Dieu ; elle travaille pour ses sœurs ; son cœur presque mourant y trouve un rayon de joie.

Pour donner à sa servante le mérite de l'acceptation, Dieu lui laissait comprendre, de temps à autre, le cruel affaissement où elle était réduite.

Elle écrivait à cette époque : « Priez, ma fille, « que je me prépare saintement à paraître devant « mon Juge, et que j'obtienne, par les mérites « infinis de mon Jésus, l'entrée du ciel, où je « n'oublierai pas ma Charlotte ni mes trois autres « enfants. D'ici là, il faut accepter ce qu'il plaira « au divin Maître de nous envoyer, car les dernières « années ne sont pas les plus douces, et il me « faut souvent répéter les vers d'un cantique que « je chantais dans mon enfance :

> « L'espoir d'une gloire immortelle
> « Et d'un bonheur toujours nouveau,
> « Sème de fleurs, pour le fidèle,
> « Les bords si tristes du tombeau, »

« Non, cependant, ils ne sont pas tristes pour
« l'âme qui aime son Dieu et qui l'a aimé pendant
« toute sa vie. »

« Que puis-je vous écrire, dit-elle encore. Vous
« lirez la tristesse de mon cœur qui veut, avant
« la mort, prendre congé de mes amis de la terre,
« leur demander de prier, afin que les exilés soient
« rappelés auprès du Dieu des miséricordes. J'ai
« mérité de rester loin de lui, mais il est si bon !...
« J'aime mon Dieu, j'espère en sa clémence.

« J'espère aussi que vous ne voudrez voir dans
« ce barbouillage que le cœur bien aimant de la
« pauvre Emilie, ses vœux de bonheur les plus
« sincères, de ce bonheur du ciel après lequel elle
« aspire elle-même.

« Malgré mon triste état, je sens que ma vie
« n'est pas éteinte ; je consens à rester ainsi pour
« plaire à mon Dieu, pour expier mes nombreux
« péchés ; je veux vivre et mourir pour lui seul. »
Mère Sainte-Emilie ne put achever cette lettre
qui fut sa dernière.

Parfois les souffrances lui arrachaient ce cri plein
d'angoisses : « Qui suis-je ? — Mère Sainte-Emilie.
— Oh ! non, reprenait-elle tristement, ce n'est
plus elle ! »

Plus son état devenait pénible, plus aussi crois-
saient les attentions dues à sa faiblesse. Les élèves
s'estimaient heureuses de rencontrer l'octogénaire

et de guider ses pas chancelants. Et quel tableau digne d'un peintre que celui que présentaient deux petites filles, âgées de dix ans, soutenant leur respectable grand'tante que le poids des années avait réduite à leur taille.

D'ailleurs, elle est pleine de scènes attendrissantes cette partie de l'existence que nous retraçons.

Après avoir pris congé de ses amis, il semblait que la vénérable Mère ait voulu de même dire adieu à tout ce qu'elle avait chéri.

Embrasée de l'amour divin, elle parcourut un jour le monastère, appelant les bénédictions du ciel. « Mon Dieu, dit-elle, en visitant la salle de récréation, que toutes les religieuses vous bénissent ici et pendant l'éternité ! » Au séminaire : « Mon Dieu, bénissez les jeunes professes ; qu'elles vous servent, vous aiment, vous glorifient maintenant et dans tous les siècles. » Dans les parloirs : « Mon Dieu, bénissez ces appartements ; que vous soyez loué, aimé et béni par toutes les personnes qui viendront en ce lieu, et que jamais on ne vous y offense ! » La sœur témoin de ce spectacle ajoute : « Notre Mère proférait ces paroles avec un accent pénétré que je n'oublierai jamais. »

« Venez avec moi dans un lieu retiré, » dit-elle une autre fois à la Mère infirmière ; et, la prenant par la main, elle marqua chaque pas d'un acte d'amour de Dieu. Bientôt, rapporte sa compagne, nous nous trouvâmes au grenier..... La pieuse Mère m'entretint si suavement du bonheur que l'on goûte au service de Dieu, que j'en étais émue. Lorsqu'elle voulut me congédier : « O ma « Mère, lui dis-je, je répéterais volontiers avec « saint Pierre, laissez-moi dresser ici ma tente ! » — « Non, ma fille, allez glorifier Dieu dans votre « emploi ; je veux rester seule avec Dieu seul. »

Un soir, elle se rendit à la chapelle, pendant que les élèves y faisaient la visite au Saint-Sacrement. Les considérant, avec ce regard de tendresse naturel au vieillard en présence de l'enfant, elle éleva les mains pour appeler la bénédiction divine sur ces jeunes fronts spontanément inclinés.

« Encore qu'il ait plu au Père céleste, dit « Bossuet, de ne recevoir ses fidèles en son éternel « sanctuaire qu'après qu'ils auront fini cette vie, « néanmoins il semble se repentir de les avoir « remis à un si long terme. Il leur ouvre son « paradis par avance et laisse tomber sur leurs âmes « tant de lumière et de douceur, qu'étant encore « dans cette chair mortelle, ils peuvent dire que leur « demeure est au ciel et leur société avec les anges. »

Au-dessus de toute douceur possible avait été pour Mère Sainte-Emilie la présence de Jésus. Toutes les merveilles et tous les avantages qu'elle y avait trouvés sont comme résumés dans l'hymne du Saint Nom de Jésus. C'est pourquoi, sans doute, on l'entendit un jour répéter cinq fois de suite ce *Jesu dulcis memoria* qui résonnait si délicieusement à son cœur. « Oh ! que c'est beau ! que « c'est beau ! disait-elle ; il y a dans ces strophes « quelque chose de doux, de suave, qui élève l'âme « et la comble de joie. » Jésus, votre nom sacré avait fait le charme de sa vie, et ses lèvres mourantes le proclament. « *Quam bonus te quærentibus ! Sed quid invenientibus !* — Ah ! Jésus que vous êtes bon pour ceux qui vous cherchent, mais que n'êtes-vous pas pour ceux qui vous trouvent ! »

Mère Sainte-Emilie était restée très agissante, et cependant ses organes ne lui prêtaient plus qu'un service paralysé par les infirmités. Elle circulait dans la maison, échappant le plus possible à sa garde-malade. Une chute assez grave en fut le résultat. Pour l'obliger au repos, quelques sœurs lui dirent : « Nous allons prier près de vous, ma Mère, autant que vous le voudrez. Elles récitèrent alors les litanies du Saint Nom de Jésus, celles du Sacré-Cœur et plusieurs autres formules pieuses. Quand elles eurent terminé, la malade les remercia avec effusion.

Ce Dieu dont elle voulait exalter la tendresse jusqu'à son dernier soupir, la payait de retour ; l'Aumônier la communiait deux fois par semaine. A l'approche du *grand voyage,* comment la priver du pain du voyageur ?

Du reste, nous l'avons indiqué assez, la vénérable Mère était presque uniquement occupée de Dieu et vivait déjà plutôt au ciel que sur la terre. « Levez-moi, mon Dieu, afin que je commence à vous glorifier, s'écriait-elle, au milieu même des ténèbres de la nuit. J'attends de vous tout ce qui m'est nécessaire. »

Ce fut dans un de ces moments de lumière surnaturelle que l'infirmière eut l'inspiration de lui faire renouveler ses vœux. Avec une ferveur admirable, elle dit : « *Je renouvelle les vœux de* « *Pauvreté, de Chasteté et d'Obéissance perpétuels* « *que j'ai faits à votre divine Majesté.* » Après avoir achevé ces paroles, son visage prit une expression de terreur comme si elle eût aperçu au bas de sa couche quelque chose d'effrayant. Satan n'en était pas à son coup d'essai. Elle lui avait dérobé trop de conquêtes pour qu'il n'entreprît pas de la troubler, au moins par de vains fantômes. Peut-être aussi, excitait-il en son âme des craintes exagérées sur le jugement, l'enfer, l'abus des grâces, le défaut de pureté d'intention. Animée des pensées de la foi, soutenue par l'obéissance à ses directeurs, on avait vu jadis Mère Sainte-Emilie sortir victorieusement de la lutte. Mais les forces morales lui manquant, si de telles frayeurs vinrent tourmenter son esprit, elles durent puissamment contribuer à l'expiation de l'exil.

Enfin l'holocauste se consumait peu à peu, une ou deux attaques furent comme les avant-coureurs de la fin.

Le 4 janvier, veille de la fête de sainte Emilienne, les religieuses désirèrent offrir leurs vœux à la vénérée Mère. Contre sa coutume, elle ne s'y prêta pas volontiers. Ce changement surprit et inquiéta.

Deux jours après, mourait Mère Saint-Vincent de Paul, une de ses filles bien-aimées. Mère Sainte-Emilie voulut la voir une fois encore et prier auprès d'elle pendant une demi-heure. Après ce temps, elle parut fatiguée, on la décida à se retirer.

Elle monta fort péniblement l'escalier ; sa respiration était difficile, il fallut la mettre au lit. Le mal progressa rapidement ; la Mère Supérieure appelée en toute hâte, durant la nuit, ne put se dissimuler l'état alarmant de la malade. Celle-ci, tout occupée de Dieu, récitait son chapelet, entre-coupé par un râle semblable à celui de l'agonie.

Le médecin fut mandé : mais les efforts de la science restèrent impuissants. A deux heures du matin, la mourante reçut le saint viatique et l'extrême-onction avec les sentiments de la piété la plus profonde. Quand le prêtre eut quitté sa chambre, elle dit à haute voix le *Te Deum* ; elle continua ensuite de s'entretenir avec son Jésus, sans qu'il fût besoin de le lui suggérer. Ses yeux se fixaient tour à tour sur la relique de Notre-Dame de Délivrance et sur l'image de saint François d'Assise, placées près d'elle ; puis, malgré l'oppression de plus en plus forte, on l'entendit réciter d'une voix distincte le *Pater,* l'*Ave,* le *Credo,* le *Confiteor ;* elle traça à diverses reprises le signe de la croix, comme pour témoigner encore de son attachement à l'Eglise romaine.

A la première nouvelle du danger, les religieuses s'étaient réunies auprès de leur Mère bien-aimée. Elles répétaient avec ferveur les invocations qui lui avaient été particulièrement chères : *Père éternel, je vous offre le sang très précieux de mon Sauveur Jésus-Christ, en expiation de mes péchés et pour les besoins de la Sainte Eglise. — Père éternel, au nom de Jésus, miséricorde !* C'est que la sainte malade avait toujours désiré se présenter au jugement toute couverte du sang divin.

Enfin le râle qui, depuis plusieurs heures, annonçait le dénouement fatal, fit place à un calme si grand, que Dieu seul entendit le dernier soupir de sa servante. C'était le 7 janvier 1889, à dix heures du matin.

La douleur fut immense. Les sanglots comprimés éclatèrent ; les larmes coulèrent en abondance. La communauté ne s'était pas faite à la pensée de ne plus voir sa vénérée Mère ; puis, n'était-ce pas tout un passé qui descendait dans la tombe ?

Après l'ensevelissement, Mère Sainte-Emilie fut exposée dans un cercueil conforme à la pauvreté religieuse ; ses traits gardèrent l'expression de paix et de bienveillance qui lui était habituelle : « *Elle ressemblait moins à une personne morte qu'à une religieuse qui prie dans un profond recueillement.* »

Les écussons qui avaient orné le chœur au jour de ses noces de diamant reparurent, mais voilés de crêpe, et des lis entourèrent l'humble catafalque.

La ville prit part au deuil du monastère. Jusqu'à l'inhumation, de pieux fidèles se succédèrent pour prier près de Mère Sainte-Emilie ; ils présentaient à la grille des médailles et des chapelets pour qu'on les fît toucher à sa dépouille mortelle.

Les obsèques furent présidées par M. l'abbé Dubourg, vicaire capitulaire de Saint-Brieuc, entouré des divers représentants du clergé diocésain. M. l'abbé Gancel, ancien aumônier, archiprêtre de la Cathédrale, s'estima heureux de prononcer l'éloge funèbre de la défunte. Il s'acquitta de cette mission avec le talent qui le distinguait (1).

Nous ne saurions mieux terminer cette biographie qu'en mettant ce discours sous les yeux du lecteur. Il résume à grands traits le caractère et l'œuvre de Mère Sainte-Emilie.

---

(1) M. l'abbé Gancel a rendu sa belle âme à Dieu le 19 février 1894.

« Mes chères Sœurs,
« Mes Frères,

« S'il est vrai de dire que la vie religieuse ne meurt jamais dans une Communauté avec ceux de ses membres qui succombent, il est pourtant des heures où une partie d'elle-même semble descendre dans la tombe avec certaines existences qui représentent particulièrement sa gloire d'hier, sa sagesse d'aujourd'hui et ses espérances de demain.

« Et c'est le sentiment qui s'empare tout d'abord de nos âmes et les émeut vivement, en présence de ce cercueil qui renferme la dépouille mortelle de Demoiselle Jenny de Jeaulin, en religion Mère Sainte-Emilie, née à Dinan, le 28 décembre 1802, d'une honorable famille ici dignement représentée, pieusement décédée dans le Seigneur lundi dernier, après 64 ans de Profession Religieuse, pendant lesquels elle a porté glorieusement et vaillamment, l'espace de 27 ans, le poids redoutable de l'autorité.

« Mais devant la tombe qu'ouvre cette mort, à la pensée du grand deuil qu'elle apporte à tous ici et répand au loin, nous ne pleurons pas comme ceux qui n'ont pas d'espérance : *sicut cæteri qui spem non habent* (I. Thess. IV. 12).

« C'est bien le moment de le dire : *beati mortui*

qui in Domino moriuntur. Bienheureux les morts qui meurent dans le Seigneur !

« Si les dernières années de la vie de celle que vous pleurez vous ont donné, mes sœurs, le triste spectacle d'une grande âme aux prises avec la lente dissolution d'un corps usé par la pénitence et le travail, avec les défaillances d'une intelligence affaiblie par les soucis et le poids des années, vous l'avez constaté, non sans consolation, jamais cette belle intelligence ne s'est réellement obscurcie à l'endroit des vérités de la Foi, qui l'ont illuminée et agrandie depuis son baptême ; jamais ce grand cœur, cette sainte âme, n'ont cessé de goûter les beautés toujours anciennes et toujours nouvelles de Dieu, qui la ravirent dès sa plus tendre enfance !... Sur son lit d'agonie, les lèvres de Mère Emilie se sont ouvertes comme d'elles-mêmes pour réciter, encore une fois, les saintes prières de la préparation à la communion, qu'une piété filiale lui suggérait, et elles murmuraient encore, pour ainsi dire, le *Te Deum* de l'action de grâces, lorsque son âme s'est présentée, riche de mérites, devant le tribunal de Dieu qu'elle a fait profession de connaître, d'aimer et de servir uniquement sur cette terre.

« Une voix amie, interprète des désirs de cette chère Communauté, m'a demandé de prendre la parole en cette imposante cérémonie.

« J'ai accepté cette tâche que plusieurs ici rempliraient mieux que moi.

« Je trouve à la remplir, en même temps que l'occasion de donner à cette maison désolée un juste tribut d'affectueuse sympathie, un moyen de me libérer quelque peu moi-même d'une dette sacrée de reconnaissance, envers cette vénérable religieuse, qui voulut bien m'honorer de son amitié et m'aider de ses conseils.

« L'hommage que je lui dois, c'est avant tout celui que vous lui rendez, vous ses sœurs en religion, ses enfants, qui sentez vivement la perte que vous faites en ce moment, c'est l'hommage qui lui est rendu par cette assistance aussi choisie que sympathique, venue de toutes parts honorer ses funérailles, c'est l'hommage des plus sincères regrets se traduisant par de ferventes prières adressées à Dieu en faveur de l'âme qu'il vient de rappeler à Lui.

« Tous le sentent dans cette communauté et dans cette honorable assemblée, avec la Mère Émilie descendant dans la tombe c'est tout un long passé qui disparaît ; c'est toute une vie qui finit avec les événements tantôt joyeux, plus souvent douloureux, auxquels l'affection, la confiance, la gratitude appelèrent si souvent et jamais en vain cette bonne Mère à s'associer.

« Non, je me trompe, ce passé ne s'efface pas

avec elle ; il revit, au contraire, tout entier devant ce cercueil, pour rappeler à tous la vénération, la reconnaissance dues à cette Religieuse dont la tendresse et le dévouement l'ont si bien rempli.....

« Cette vie ne finit pas ; longtemps, toujours, l'esprit qui l'anima lui survivra ici, et du fond de sa tombe vénérée, Mère Emilie parlera encore, elle instruira, elle conseillera, elle dirigera toujours ; *adhuc loquitur.*

« Aucun hommage ne sera plus digne de sa mémoire que votre docilité, mes sœurs, à suivre les enseignements de sa vie.

« Et que dirais-je qui en consacre pour tous quelque peu fidèlement le souvenir ?

« Seulement ces quelques paroles de nos Saints Livres, qui me paraissent résumer cette belle vie religieuse :

« *Justum deduxit Dominus per vias rectas, et ostendit illi regnum Dei, et dedit illi scientiam Sanctorum : honestavit illum in laboribus et complevit labores illius.* » (Sap. X, 10).

« La Sagesse a conduit par des voies droites l'âme juste ; elle lui a fait voir le royaume de Dieu, lui a donné la science des Saints ; elle a honoré, béni ses travaux et lui en a fait recueillir les fruits. »

« Oui, Dieu, la Sagesse éternelle, conduit l'âme juste dans les sentiers de la droiture et de l'équité.

« Mère Sainte-Emilie fut une âme juste, non

pas de cette justice purement humaine dont les dehors trompeurs cachent souvent de honteuses défaillances, mais de cette justice chrétienne, dont la foi et ses enseignements sont la base inébranlable et la règle infaillible, de cette justice qui donne satisfaction à tous les droits comme à tous les devoirs, qui sauvegarde avant tout les droits de Dieu, le souverain Maître, et rend sacrés tous les devoirs qui en découlent.

« Et cette justice qui n'admettait chez la Mère Emilie ni réticences, ni compromis, qui l'établit de bonne heure et qui la fixa dans les sentiers de la droiture et de l'équité, fut aussi pour elle une lumière qui lui découvrit, chaque jour davantage, la gloire et le bonheur du règne, du service de Dieu : *et ostendit illi regnum Dei.*

« Ravie aux premiers jours mêmes de sa pieuse enfance par les charmes et les douceurs incomparables du joug du Seigneur fidèlement accepté et généreusement porté, elle eut la sainte ambition, la seule de sa vie, de se vouer à ce service, jusqu'à l'entier sacrifice d'elle-même, et dans la voie étroite de la pratique des conseils évangéliques, où la grâce d'une vocation non douteuse l'appela à s'engager, elle avança, avança encore, jusqu'à des limites que la lumière seule de l'éternité bienheureuse fera un jour connaître.

« Il est écrit qu'au lieu que la voie des impies

est une voie ténébreuse, et qu'ils ne savent où ils tombent, *via impiorum tenebrosa, nesciunt ubi corruant*, la voie des justes, au contraire, est un flambeau qui croît en éclat, et qui va grandissant jusqu'au jour parfait : *et crescit usque ad perfectam diem*. (Prov. IV. 18).

« Cet épanouissement de lumière surnaturelle, ce progrès du sens de la Foi et de l'intellect chrétien ont été frappants dans la vie de notre chère Mère Emilie, et si quelques rayons ont parfois fait violence à son humilité, redisons-le, il ne nous est pas donné de savoir ici-bas jusqu'à quel degré de lumière divine sa belle âme s'est élevée !

« Elle eut, pour tout dire en un mot, la lumière, la science des Saints.

« *Dedit illi scientiam sanctorum.*

« Acquérir cette science que N. S. J. C., le Saint des saints, est venu lui-même nous apprendre, *ad dandam scientiam*, et qui n'est autre que la science du salut, *scientiam salutis*, c'est pour tous et pour chacun l'unique nécessaire.

« L'enseigner par l'exemple et par la parole, c'est l'œuvre même des âmes appelées, par une grâce spéciale de Dieu, à la vocation religieuse.

« Mère Emilie n'a vécu ici, n'a respiré que pour progresser et faire progresser tous ceux qui l'approchaient, dans cette science des Saints, sans laquelle toute autre science est vaine ou dangereuse.

« Les yeux de l'âme toujours fixés sur le divin Modèle qui a commencé de faire, puis d'enseigner, *cepit facere et docere,* sur N. S. Jésus-Christ qu'elle aimait à appeler « son Saint de goût, son conseiller de prédilection », à qui, tout enfant, elle confiait déjà ses petites peines, comme à son ami, elle a offert ici, pendant plus de 60 ans, une représentation vivante, une image chaque jour plus fidèle de son Maître bien-aimé.

« Aussi, pouvons-nous ajouter sans témérité : *honestavit illum in laboribus et complevit labores illius :* Dieu a honoré et couronné ses travaux.

« Au besoin, les pierres elles-mêmes de ce monastère élèveraient la voix pour attester combien ont été fructueuses pour le bien de cette maison, pour le salut des âmes et la gloire de Dieu, les qualités de l'esprit et du cœur, et plus encore les vertus de Mère Emilie.

« Qu'il me suffise de rappeler ici son affabilité pleine de charme, sa vive pénétration d'esprit, qui brillait jusque dans son regard, son tact parfait, son jugement droit et sûr, sa prudence rare, sa haute sagesse, son expérience consommée, et aussi et surtout sa piété droite, communicative, sa vraie et profonde humilité, sa foi vive et simple, son espérance ferme, sa charité infatigable ; et dominant, animant toutes ses qualités, toutes ses vertus, cet oubli d'elle-même, cet esprit de mortification et de sacrifice, cet amour passionné de la gloire de Dieu et du salut des âmes qui lui donnaient sur tous ceux qui l'approchaient un ascendant, une force visiblement venant d'en haut, devant lesquels tous s'inclinaient avec autant de bonheur que de respect.

« Ce qu'était cette communauté, lorsque, providentiellement conduite ici, Mère Emilie, jeune encore, en reçut la direction de la confiance de ses sœurs, ce qu'elle a été sous son autorité, ce qu'elle est à cette heure, tout le dit et le proclame hautement, Dieu a béni ses travaux.

« Pour le plus grand mérite de sa fidèle servante, pour la consolation de ses sœurs qui l'aimaient si tendrement, Dieu a prolongé sa vie bien au-delà des limites ordinaires, et c'est une bénédiction, c'est une couronne de gloire que la vieillesse, lorsque, comme celle-ci, elle se trouve constamment fixée dans les voies de la justice et de la vertu : *corona dignitatis senectus quæ in viis justitiæ reperietur.* (PROV. XVI. 31.)

« Elle a été honorée, couronnée, bénie sa carrière laborieuse, par vous, mes sœurs, qui, à l'exemple de vos aînées, lui avez donné votre entière confiance, témoigné votre filiale tendresse, et qui avez entouré sa vieillesse de délicates attentions, du plus respectueux dévouement.

« Elle a été honorée et bénie sa carrière, par tous les témoignages d'estime, de vénération, de reconnaissance et d'attachement qu'elle a recueillis, de tous et de toutes parts, pendant sa longue vie.

« Et comment ne pas rappeler ici les couronnes d'honneur, de religieux respect, d'affectueuse reconnaissance, que nos deux derniers Pontifes, de douce et vénérée mémoire, tinrent à déposer de leurs propres mains sur le front vénérable de cette sainte femme aux jours bénis de ses noces d'or et de diamant ! (17 novembre 1874-1884).

« Ce souvenir de l'estime particulière vouée par les premiers pasteurs du diocèse et notamment par Monseigneur David à la chère défunte, s'est uni à la vénération qu'elle vous inspirait à vous-même, M. le Vicaire Capitulaire, et nous vaut l'honneur et la consolation de vous voir présider cette funèbre cérémonie : soyez-en remercié au nom de la digne Supérieure de cette maison, au nom de ses Sœurs, au nom de toute cette assistance. En vous qui représentez si dignement l'autorité diocésaine, c'est le diocèse tout entier, prêtres et fidèles, qui s'incline avec respect, en passant devant ce cercueil, et bénit la mémoire de l'humble fille de sainte Ursule qui y dort du dernier sommeil.

« Elle est enfin honorée et bénie sa carrière par l'hommage que rend en ce jour à sa mémoire cette assistance, aux premiers rangs de laquelle nous sommes heureux de voir M. le vénérable Doyen du chapitre de la Cathédrale, M. le Curé et MM. les membres du clergé de cette ville et des environs, MM. les représentants de l'autorité civile de Quintin et quelques membres des principales familles de tout le pays.

« *Et complevit labores illius* :

« Oui, bonne et fidèle servante de Jésus-Christ, votre course est dignement achevée, la journée de la vie a été bien remplie, le salaire généreusement gagné.

« Vous avez beaucoup et bien travaillé : elles l'attestent, toutes vos sœurs, formées par vous aux vertus de leur saint état et que vous avez toujours édifiées.

« Elles l'attestent, toutes ces mères chrétiennes, dont vous étiez la conseillère toujours écoutée, à qui vous rappeliez, avec une autorité indiscutable et au besoin avec une fermeté tout évangélique, la grandeur de leur mission et les graves devoirs qu'elle leur impose.

« Elles l'attestent, ces chères enfants, cette jeunesse chrétienne, qui fut l'objet spécial de votre sollicitude, et dont l'innocence ravissait et alarmait à la fois votre âme si pure.

« Vous avez beaucoup et bien travaillé : nous l'attestons, nous aussi, les anciens Aumôniers de cette communauté ; vous l'attestez avec nous, vous, cher Confrère, qui avez encore le bonheur de goûter ici les douces joies qu'apporte au cœur du prêtre le bien voulu et produit par une communauté où règne l'esprit vraiment religieux.

« Vous avez beaucoup et bien travaillé, elles l'attestent enfin devant Dieu toutes les âmes de votre chère famille religieuse, qui ont atteint sous votre sûre direction le port du salut, et qui, comme vous vous plaisiez à l'espérer, vous ont, sans doute servi d'escorte et au besoin de défense devant le tribunal toujours redoutable de Dieu.

« Vous avez beaucoup et bien travaillé, c'est le témoignage du ciel et de la terre !....

« A vous donc la joie et le repos éternel.

« Que si la fragilité humaine toujours si grande retardait pour votre chère âme la pleine jouissance des biens éternels, dont la possession vous est à jamais assurée, nous, vos amis, nous aurons pitié de vous, nous plaiderons votre cause près de Dieu et pour vous nous obtiendrons le lieu du rafraîchissement, de la lumière, de la paix.

« Nous ne manquerons pas d'unir à votre souvenir devant Dieu celui de cette bonne religieuse qui vous a précédée de quelques heures seulement dans l'éternité, comme pour vous y introduire, et qui laisse aussi à ses sœurs le parfum de son aimable piété.

« Et il me plaît de le dire en terminant, au ciel, près de sainte Angèle et de sainte Ursule, vos saintes Mère et Patronne, à côté des premières

Fondatrices de ce Monastère, qui vous ont donné, dès ici-bas, rendez-vous au ciel, vous aiderez vos Sœurs, vous nous aiderez tous dans ce qui nous reste à parcourir de la route où nous rencontrons les devoirs que vous avez si bien remplis et les tristesses dont vous êtes à jamais délivrée. *Requiescat in pace.* »

Et maintenant les restes de Mère Sainte-Emilie reposent dans une terre nouvelle, selon son désir d'avoir ce trait de ressemblance avec le Sauveur déposé dans un sépulcre neuf.

Une plaque funéraire de marbre blanc porte, en lettres d'or, cette épitaphe touchante de simplicité :

ICI REPOSE,

DANS L'ESPÉRANCE DU SEIGNEUR, LA DÉPOUILLE MORTELLE

DE TRÈS RÉVÉRENDE MÈRE SAINTE-ÉMILIE

NÉE LE 28 DÉCEMBRE 1802, DÉCÉDÉE LE 7 JANVIER 1889,

APRÈS 64 ANS DE PROFESSION RELIGIEUSE.

PENDANT VINGT-SEPT ANNÉES

ELLE DIRIGEA, COMME SUPÉRIEURE, CE MONASTÈRE.

ELLE FUT TOUJOURS LA FEMME FORTE ET LA VIERGE FIDÈLE ;

ELLE A PASSÉ EN FAISANT LE BIEN ;

SA MÉMOIRE EST EN VÉNÉRATION.

Oui, Mère bien-aimée, vous avez passé en faisant un bien durable, léguant à vos filles le zèle apostolique, essence de leur sainte vocation. A jamais elles s'inspireront de votre esprit, car votre mémoire est en bénédiction !

Bentôt l'heure sonnera où, réunie sur terre, comme vous l'êtes au ciel, aux vénérables fondatrices de cette communauté, vous dormirez votre dernier sommeil sous les dalles du sanctuaire, près de la table eucharistique, où tant de fois vous avez reçu votre Dieu. Là, plus encore que sur la terre bénie du cimetière, vos filles aimeront à s'agenouiller. Repassant les années de votre vie laborieuse, elles vous béniront d'avoir réédifié, pierre à pierre, l'œuvre de Mère Marie de l'Incarnation du Louët. Pour prix de vos bienfaits, elles s'efforceront de marcher sur vos traces dans la pratique des vertus religieuses.

Vous, toujours leur mère et leur conseil, vous leur adoucirez les fatigues du voyage, relèverez leur courage abattu en répétant avec celle dont vous fûtes l'émule : « *Et maintenant donc bénissez le Seigneur, vous qui habitez les parvis de la maison de notre Dieu !* » (1).

(1) Ces paroles du Ps. 133 sont gravées sur la tombe de la Révérende Mère Marie de l'Incarnation du Louët.

CONCLUSION

Notre modeste travail est terminé ; nous le déposons aux pieds de saint Joseph qui, maintes fois invoqué, a bien voulu s'en montrer le protecteur. Si ces pages, destinées à faire revivre une belle et douce figure, produisent quelque bien dans les âmes, que ce saint Patriarche en soit donc loué et remercié ! Et, nous aimons à le croire, notre œuvre sera bénie d'En Haut, car elle est le fruit de l'obéissance.

La Révérende Mère Saint-Jean l'Evangéliste, supérieure, qui en fut l'inspiratrice, ne recula devant aucune fatigue pour recueillir les écrits, les pensées, les conseils de Mère Sainte-Emilie. Toujours il lui semblait que de nouveaux fleurons viendraient embellir la couronne de sa mère.

Enfin, le 18 février dernier, elle s'entendait avec l'imprimeur, et transmettait le soir même le résultat de son entretien à Sa Grandeur Monseigneur Fallières. Elle touchait à la réalisation de son plus cher projet, quand, le lendemain, la mort la marquait de son sceau ; douze jours après elle n'était plus.

Il parut alors évident qu'elle avait été choisie de Dieu pour transmettre à son monastère l'héritage des fortes traditions de la Révérende Mère Sainte-Emilie ; et l'on comprit, mieux que jamais, ses efforts persévérants pour accomplir ce qu'elle regardait comme un devoir sacré.

Ce travail qui sera, nous l'espérons, fructueux pour la communauté de Quintin, l'a déjà été pour la Révérende Mère Saint-Jean l'Evangéliste.

La Mère Sainte-Emilie lui avait apparu comme le type achevé des vertus religieuses ; elle s'efforça de le reproduire et gravit les plus hauts sommets de la perfection évangélique. Née riche, elle se fit pauvre, et Dieu sait de quelle pauvreté ! Grande selon le monde, elle prit l'humilité pour compagne. Accoutumée à une vie facile, elle soumit ses sens à la plus austère mortification. Naturellement violente, elle acquit une égalité d'âme que rien ne fut plus capable d'altérer. Enfin l'esprit de foi venant illuminer jusqu'aux moindres actes de sa vie, leur a donné une valeur que Dieu seul connaît.

La mort, en la frappant à l'improviste, l'a trouvée calme et joyeuse : elle lui apportait la dernière expression de la volonté du bon Dieu.

La vénérée Supérieure laisse ses filles dans la plus profonde affliction, mais pénétrées de l'espérance qu'elles ont au ciel une médiatrice bien puissante sur le Cœur de Jésus.

Quintin, 19 mars 1898.

APPENDICE

Coup d'œil général sur le Monastère de la Sainte Famille de Jésus, des Ursulines de Quintin, depuis sa fondation jusque 1822. (*Extrait du Déal*) (1).

« En 1706, Monseigneur Louis Frétat de Bois-
« sieux, Illustrissime évêque et seigneur de Saint-
« Brieuc, Monseigneur le duc de Lorges, seigneur
« temporel de Quintin, Messieurs les doyens,
« chanoines et autres ecclésiastiques, les magistrats
« et les nobles habitants de cette ville, firent des
« démarches près de nos Révérendes Mères de Tré-
« guier, pour obtenir des sujets, qui puissent
« travailler à la fondation d'un monastère de leur
« ordre dans la dite ville.
« La Mère Anne de la Rivière, de la Conception,
« de l'illustre et ancienne famille des comtes de la
« Rivière, gouverneurs de Saint-Brieuc, fille de haut
« et puissant seigneur messire Ollivier de la Rivière

(1) Pour rendre cette pièce plus intelligible, on a dû substi-
tuer l'orthographe moderne à l'ancienne et faire disparaître
certaines locutions surannées.

« et de dame Vincente de Panis, seigneur et dame
« du Plessi, fut choisie pour cette sainte entreprise.

« Que vos démarches sont belles, vénérée Mère,
« et que ne doit-on pas attendre de vos bonnes et
« droites intentions pour la gloire de Dieu et le
« salut des âmes (1), malgré les traverses que le
« démon nous suscitera, prévoyant le bien que,
« par vos saintes instructions, vous allez faire dans
« une ville, où l'erreur de Calvin et de Luther a
« si longtemps régné.

« Le choix de ma très honorée Mère de la
« Rivière était très propre à satisfaire les nobles
« habitants de la ville de Quintin ; car, outre la
« communauté de Lannion à la fondation de laquelle
« elle avait travaillé trente-huit ans, en qualité de
« dépositaire et de supérieure, celle de Rennes,
« qu'elle gouverna pendant neuf années, lui devait
« les bénédictions du ciel et de la terre.

« On lui adjoignit la Mère Jeanne de l'Etang,
« dite de Saint-Joseph, également professe de la
« maison de Tréguier, congrégation de Bordeaux.
« Ayant eu leur obédience de Monseigneur Ollivier
« Jégou, évêque de Tréguier, elles arrivèrent dans
« notre monastère de Saint-Brieuc, le trois novembre
« 1706, pour y traiter plus commodément de cette
« affaire.

(1) Cantique. Ch. 7.

« Toutes les mesures étant prises et le contrat
« de la fondation d'une communauté d'Ursulines
« dans la ville de Quintin étant passé, le cinq mai
« 1707, des Religieuses de Saint-Brieuc se joi-
« gnirent aux Révérendes Mères de la Conception,
« fondatrice et première supérieure de ce monas-
« tère et à la Mère Saint-Joseph économe. Avant
« de quitter Saint-Brieuc, elles allèrent à l'évêché,
« recevoir la bénédiction de Monseigneur de Bois-
« sieux. Elles arrivèrent à Quintin le vingt mai 1707,
« accompagnées de Madame la comtesse de Lannion.
« M. le Doyen, MM. les Chanoines, les Juges, les
« nobles habitants de la ville, Madame l'Intendante,
« les accueillirent avec beaucoup de marques de
« considération.

« Ces bonnes fondatrices logèrent au château
« par l'ordre de Madame la maréchale et duchesse
« de Lorges, pendant six semaines, y faisant leurs
« exercices spirituels et édifiant toute la ville.
« Elles choisirent ensuite et affermèrent une maison
« d'hospice, à laquelle elles donnèrent quelques
« formes de régularité, tenant les classes pour l'ins-
« truction des externes, et même elles y dressèrent
« incontinent une chapelle où elles eurent le bonheur
« d'avoir le Saint-Sacrement. Ce provisoire dura
« quatre ans ; on ne pouvait se déterminer au choix
« de l'établissement définitif, ni trouver moyen
« d'avoir les fonds nécessaires.

« Notre sainte fondatrice ne se rebuta jamais
« pour ses difficultés, qui n'eurent pour effet que
« d'augmenter sa confiance en Dieu, sa douceur,
« sa patience et sa soumission entière aux ordres
« de la Providence, animant toutes ces religieuses
« à la pratique de ces vertus (1).

« Ayant représenté à notre communauté de Tré-
« guier que la moisson était belle, mais qu'il y
« avait peu d'ouvriers, elle en obtint trois reli-
« gieuses, les Révérendes Mères Claude Le Boniec
« de Sainte-Marie, Françoise Even, dite Anne de
« Jésus et Ursule Even, de Saint-Bernard, qui
« toutes étaient capables d'aider notre sainte fon-
« datrice.

« Elle fit encore venir deux autres religieuses,
« l'une professe de Rennes, ma Révérende Mère
« de Trolong de Saint-Alexis, l'autre, la Révérende
« Mère sainte Rose Brochereuil, professe de Quim-
« perlé, qui institua la congrégation de Notre-
« Dame de Miséricorde.

« En l'année 1711, Dieu fit la grâce à la fonda-

(1) Dans un de ses voyages à Saint-Brieuc, en 1706, le bienheureux Grignon de Montfort encouragea notre digne Mère
de la Conception, lui prédisant qu'elle réussirait dans sa fondation, malgré les épreuves qui l'attendaient. A quelques années
de là, Monseigneur de Boissieux dira : « Ma communauté de
Quintin, aujourd'hui la plus petite de mon diocèse, deviendra
aussi florissante que ses aînées. »

« trice de rencontrer un bel emplacement dans un
« air charmant, pour y construire un monastère
« qu'elle dédia à la Sainte Famille de Jésus, s'ins-
« pirant de la dévotion particulière à Jésus, Marie,
« Joseph, Joachim et Anne qu'elle avait trouvée
« fortement enracinée dans la communauté de
« Lannion (1).

« Ma Révérende Mère Anne de la Rivière, deve-
« nue infirme, sollicita son retour dans sa maison
« de profession, où elle se rendit en droiture (direc-
« tement), après en avoir eu l'obédience de Mon-
« seigneur de Saint-Brieuc.

« En 1713, Monseigneur de Boissieux, voyant
« que cette communauté naissante avait acquis les
« fonds nécessaires pour son établissement, con-
« sentit à ce que les novices fissent leur profession
« et en donna la permission à la Révérende Mère
« Marie de l'Incarnation du Louët, professe de
« Tréguier, que notre monastère avait élue pour
« supérieure.

« Le roi signa enfin nos lettres patentes deman-
« dées à Dieu et aux hommes depuis si longtemps.
« Monseigneur le duc de Lorges les apporta lui-

(1) Elle attribuait à ce puissant patronage toutes les faveurs
qu'il avait plu au Seigneur de verser sur ce monastère. Elle y
a introduit la pieuse coutume de réciter l'invocation suivante :
« *Jesus, Maria, Joseph, Joachim et Anna, succurite nobis nunc et
in hora mortis nostræ. Amen.* »

« même de Paris, le vingt-huit avril 1727, à la
« communauté, où il entra avec une grande
« affluence de peuple et de personnes de considé-
« ration. Notre Révérende Mère les recevant de
« sa main, fit à Monseigneur le Duc un très
« humble remercîment, et une harangue lui fut
« adressée par une pensionnaire ; on lui présenta
« un flambeau, il alluma le feu de joie, et on chanta
« le *Te Deum*, au son des cloches. Les principaux
« du clergé et de la ville vinrent congratuler la
« communauté de cette bonne nouvelle. Monsei-
« gneur le Duc donna, en cette occasion, mille
« marques de bonté et d'affection à toutes les
« religieuses de cette maison qu'il appelle ses filles,
« les assurant que s'il peut faire quelque chose de
« plus pour leur avantage dans la suite, il s'en
« fera un plaisir, et dit qu'il veut être enterré dans
« leur église.

« Nos lettres ont été accordées gratis à Monsei-
« gneur le Duc, par la considération que Sa Majesté a
« pour ce seigneur, qu'il appelle son cousin, et pour
« Mesdames les Duchesse et Maréchale de Lorges. »

Dans la dédicace du Déal, la vie des anciennes
Mères nous est présentée comme un miroir où
nous verrons clairement les vertus qui les ont
sanctifiées, et comme un jardin où nous cueillerons
les fleurs des vertus qui peuvent nous sanctifier
nous-mêmes.

« C'est, nous dit-on, un parterre de fleurs infi-
« niment précieuses dont la beauté, la variété, les
« vives couleurs sont propres à charmer les amantes
« de Jésus. Des unes donc, recueillez la marguerite
« de l'humilité, la douceur de l'oranger, la rose
« vermeille de l'amour divin et de la sacrée charité
« pour le prochain. Des autres, l'admirable fleur
« de l'héliotrope d'un bon cœur toujours élevé au
« ciel et tourné vers Dieu, soleil de justice. Cueillez
« l'anémone simple de la prudence et circonspection
« dans la conduite et les conversations ; l'impériale
« de la gravité et élévation d'esprit de foi et de
« religion, au-dessus de toutes les bagatelles et
« puérilités.

« Admirez ici la violette et le bluet avec la
« fidélité constante à tous devoirs et régularité ;
« les petites clochettes, avec la vertu de diligence.
« De celles-ci, recevez le pavot de la mortification
« continuelle, suivant l'obligation que nous impo-
« sent nos constitutions ; de quelques autres, le
« bois de vigne taillé, le don des larmes et des
« saints gémissements. Enfin le lis environné et
« piqué d'épines, ou l'amarante avec la vertu de
« patience. »

Suivons cette invitation, et respirons quelques
instants les suaves parfums qui s'exhalent du jardin
de l'Epoux.

« Après la Révérende Mère fondatrice et Mère

« Marie de l'Incarnation du Louët, dont nous avons
« mentionné les travaux, viennent des noms qui
« restent chers à la communauté de Quintin.

« La foi ardente de notre digne Mère Jeanne de
« la Croix, de Châteauroux, dit le nécrologe, lui
« rendait Dieu présent en tout et partout. Sa
« charité était marquée aux traits sacrés dont saint
« Paul la dépeint.

« Mère Marie de Jésus de la Hauguemorais était
« une règle vivante, n'ayant rien plus à cœur que
« de voir cette maison faire les délices de l'Ordre,
« par la soumission exacte et respectueuse aux
« supérieurs, le zèle pour l'instruction, l'union, la
« paix et la concorde. Elle a beaucoup travaillé à
« la prospérité temporelle de notre monastère. Elle
« a fait construire notre église telle qu'elle existe
« aujourd'hui. Sa sœur, Mère Saint-Ambroise, la
« dédia à saint Joseph. On dit que cette sainte
« religieuse avait un vif désir de s'unir à Notre
« Seigneur, désir qui la rendait d'une douceur inal-
« térable, d'une grande et constante mortification.

« Mère Cécile de la Croix Gervais de la Gode'le,
« singulièrement dévouée à la divine Providence,
« érige en son honneur un autel dans notre église.
« Quelques pièces de terre agrandissent alors notre
« enclos, et des murs de clôture s'élèvent à grands
« frais.

« La vénérable Mère Marie des Anges le Frotter,

« vraie mère pour ses filles, les dirige pendant
« vingt ans, en qualité de supérieure. Douée de
« rares talents, elle procure le bien-être à sa
« communauté.

« Enfin, Mère Saint-Charles des Mares bâtit un
« pensionnat avec un cloître de huit arches.
« L'instruction religieuse est donnée à un grand
« nombre d'enfants : en 1770, les registres accusent
« la présence de soixante élèves internes. Les jeunes
« filles du peuple remplissent les classes externes,
« et la congrégation de Notre-Dame de Miséri-
« corde, comptant plus de quatre cents membres,
« produit des fruits merveilleux. »

Quand la révolution dispersa les Religieuses, le
monastère de Quintin était l'un des plus florissants
de la contrée, la règle observée dans toute son
intégrité entretenait un saint courant de ferveur
que nous respirons encore, après un siècle, dans
tous les écrits de cette époque.

Au moment où l'Assemblée Constituante défen-
dit les vœux monastiques, la communauté avait
à sa tête une femme d'un talent supérieur, vrai
présent du ciel, propre à la diriger dans un temps
d'affreuses calamités. Voici d'ailleurs ce que les
chroniques nous ont laissé de cette sainte et admirable religieuse :

« Mademoiselle Suaz de Kervégan appartenait à
« la noblesse de Quintin. D'abord éprise du monde,

« elle fut sur le point de contracter une alliance
« que n'approuvaient pas ses parents. Son père,
« irrité, la contraignit à passer une année au
« monastère, lui disant : « Près de votre sœur
« aînée (Mère Saint-Ambroise) vous apprendrez,
« ma fille, à pratiquer l'obéissance. » Mademoiselle
« Angélique se soumit, et bientôt elle demanda à
« faire les exercices de saint Ignace. Dieu changea
« tellement son cœur pendant cette retraite qu'elle
« en sortit résolue de n'avoir plus d'autre Epoux
« que Jésus-Christ. Le temps de sa réclusion achevé,
« M. de Kervégan vint réclamer sa fille, avouant,
« qu'en son absence, il avait changé de sentiment,
« qu'il consentait à l'union projetée. — « Mon
« père, répondit Mademoiselle Angélique, Dieu
« m'a montré un état plus parfait ; je n'appartien-
« drai jamais qu'à lui seul. » Le gentilhomme,
« étonné, voulut éprouver une vocation si subite ;
« il ramena sa fille à la maison paternelle pour
« qu'elle y murît son dessein.

« L'aspirante n'entra au noviciat qu'après sa
« vingt-cinquième année. Dès le début, elle fut
« un modèle de régularité et de ferveur ; aussi à
« peine avait-elle achevé son professiat qu'on lui
« remit le soin des jeunes séminaristes. Cinq ans
« après, elle fut élue supérieure, mais elle fit si bien
« valoir la nullité de son élection qui contrevenait
« aux saintes Règles (elle n'avait pas dix ans de

« profession), que sa nomination ne fut pas con-
« firmée. Le sept juin 1787, elle fut enfin élue, et
« à l'unanimité. Cette fois, Mère Sainte-Mélanie
« fut contrainte d'accepter le fardeau : elle réunis-
« sait, au plus haut degré, les qualités qui carac-
« térisent l'excellente supérieure. La fermeté de son
« caractère se déploya dans ce temps d'épreuves
« pour les bons catholiques et, spécialement, pour
« les personnes religieuses. L'orage révolutionnaire
« grondait sur tous les points du territoire ;
« la Bretagne ne pouvait être épargnée. Menacée,
« Mère Sainte-Mélanie adressa aux municipaux de
« la ville de Quintin, une requête pleine de cou-
« rage et de dignité.

« Son énergique plaidoyer n'eut pas de résultat ;
« les religieuses quittèrent leur cloître béni (8 octo-
« bre 1792) et furent incarcérées au château de
« Quintin. Elles vécurent là dans la prière, dans
« l'abandon à la divine Providence au sein de
« souffrances qu'on imagine, s'estimant heureuses
« de n'être point séparées de leur supérieure.

« La mort de Robespierre leur rendit une liberté
« relative ; cependant de longues années s'écoulèrent
« sans qu'il leur fût possible de racheter la commu-
« nauté. Ne pouvant souffrir de vivre plus longtemps
« hors de la clôture, Mère Sainte-Mélanie, d'accord
« avec quelques-unes de ses filles, sollicita son
« admission parmi les Ursulines de Quimperlé.

« Elle y arriva le seize mars 1807 ; sa réputation
« l'y avait devancée, aussi lui confia-t-on la charge
« de maîtresse des novices.

« Dès que Monseigneur Caffarelli, évêque de
« Saint-Brieuc, entrevit la possibilité de rétablir le
« monastère, il désira la Mère Sainte-Mélanie pour
« en être la pierre fondamentale. « C'est que,
« disait-il, il n'y a qu'une Mélanie dans le monde,
« on ne la trouve que là où elle est. » Mais rien
« ne put décider l'humble Mère à reprendre le
« fardeau du supériorat. « Vous fuyez la croix,
« Mélanie, lui dit le même prélat, elle vous suivra
« partout. » En effet, elle fut élue Supérieure à
« Quimperlé et occupa cette charge vingt mois,
« pendant lesquels elle fut continuellement ma-
« lade.

« Le 14 novembre 1810, mourait une jeune et
« fervente religieuse. Pendant que l'on récitait au
« chœur l'office des morts, on vit au-dessus de la
« vénérable Supérieure, une lumière éclatante que
« l'on regarda comme un présage de sa mort
« prochaine. Le soir même, Mère Sainte-Mélanie
« était atteinte d'une forte fièvre, et huit jours
« plus tard, elle allait recevoir la couronne due à
« ses immenses travaux et à ses grandes vertus.

« Il nous eût été doux de posséder sa dépouille
« mortelle, mais Dieu réservait cette consolation
« à nos vénérées Mères de Quimperlé.

« Monseigneur Caffarelli ayant échoué dans ses
« démarches près de la Révérende Mère Sainte-
« Mélanie, groupa autour de Mère Sainte-Pélagie
« Mounier, seize religieuses qui avaient échappé à
« la tourmente révolutionnaire. Ce ne fut qu'après
« des vicissitudes de tous genres, que l'on parvint
« à racheter l'ancien immeuble, l'acquéreur ne
« voulant pas s'en dessaisir. Il céda enfin aux
« sollicitations de Sa Grandeur, des habitants de
« la ville et de sa propre famille.

« La société quintinaise prouva, par sa généro-
« sité, son zèle pour le rétablissement de la
« communauté. Les modestes oboles se joignirent
« aux dons les plus riches ; les enfants mêmes
« apportaient leurs offrandes, et la moitié de la
« dette se trouva ainsi éteinte.

« Plein de sollicitude pour ce petit troupeau,
« Sa Grandeur Monseigneur de Saint-Brieuc désira
« vivement que la Révérende Mère Félicité Bonamy,
« Ursuline de Josselin, s'agrégeât à la commu-
« nauté. Elle n'y consentit qu'à la condition d'être
« reçue comme simple religieuse, mais cette lu-
« mière ne resta pas longtemps sous le boisseau ;
« ses talents et ses vertus la firent choisir pour
« supérieure, en 1808.

« Sa charge était lourde ; il fallait rendre
« conformes à leur première destination les bâti-
« ments qui, pendant les mauvais jours, avaient

« servi successivement de maison d'arrêt, de
« caserne, de magasins et d'écurie.

« De plus, de tous les points du territoire,
« accouraient, non seulement des Ursulines, mais
« des religieuses de différents Ordres, qui, pour se
« consoler de ne pas voir leurs maisons de profes-
« sion se rétablir, venaient demander à celle-ci le
« le calme et la paix. » C'est ainsi que le monastère
de Quintin abrita dans ses murs : Bénédictine,
Carmélite, Clarisse, Adoratrice et Dominicaine.
Cette réunion un peu hétérogène explique facilement
pourquoi la régularité ne put d'abord se rétablir
d'une manière aussi uniforme qu'on l'eût désiré ;
chacune conservant, du plus au moins, les coutumes
de son ordre primitif. C'est à quelques années de
là que Mademoiselle de Jaulin frappait à la porte
du noviciat.

TABLE DES MATIÈRES

898. — Saint-Brieuc, Imprimerie René PRUD'HOMME.

www.ingramcontent.com/pod-product-compliance
Lightning Source LLC
LaVergne TN
LVHW011925180726
843502LV00003B/709